GELBE SERIE *leicht gemacht*®

Herausgeber:
Professor Dr. Bernd Rüdiger Kern
Richter am AG Dr. Peter-Helge Hauptmann

Sachenrecht

leicht gemacht

Eine prüfungsrelevante Einführung
verständlich – lebendig – einprägsam

2., überarbeitete Auflage

von
Cornelia S. Leicht
Rechtsanwältin

Ewald v. Kleist Verlag, Berlin

Besuchen Sie uns im Internet:
www.leicht-gemacht.de

Autoren und Verlag freuen sich über Ihre Anregungen

Umwelthinweis: Dieses Buch
wurde auf chlorfrei gebleichtem Papier gedruckt
Gestaltung: M. Haas, www.haas-satz.berlin; J. Ramminger
Druck & Verarbeitung: Druckerei Siepmann GmbH, Hamburg
leicht gemacht® ist ein eingetragenes Warenzeichen

© 2017 Ewald v. Kleist Verlag, Berlin

Inhalt

I. Allgemeines

Lektion 1: Grundsätze des Sachenrechts   5
Lektion 2: Sachen 16
Lektion 3: Besitz 23

II. Eigentum an beweglichen Sachen

Lektion 4: Eigentumserwerb 29
Lektion 5: Eigentumssicherung und Herausgabe 42
Lektion 6: Eigentümer-Besitzer-Verhältnis 50
Lektion 7: Beseitigungs- und Unterlassungsanspruch 60

III. Eigentum an Grundstücken

Lektion 8: Eigentumserwerb vom Berechtigten und Vormerkung . 64
Lektion 9: Eigentumserwerb vom Nichtberechtigten. 74
Lektion 10: Widerspruch, Grundbuchberichtigung und Grundbuch 80

IV. Beschränkt dingliche Rechte

Lektion 11: Dienstbarkeiten 86
Lektion 12: Vorkaufsrecht und Reallast 98
Lektion 13: Hypothek 102
Lektion 14: Grundschuld 123

Sachregister 138

Übersichten * Prüfschemata

Übersicht 1 Grundsätze des Sachenrechts 15
Übersicht 2 Sachen 22
Übersicht 3 Besitzarten 24
Übersicht 4 Eigentumserwerb vom Berechtigten 36
Übersicht 5 Eigentumserwerb vom Nichtberechtigten 39
Übersicht 6 Originärer Eigentumserwerb 41
Übersicht 7 Eigentumsvorbehalt und Sicherungseigentum 46
Übersicht 8 Herausgabe neben § 985 BGB 47
Übersicht 9 Eigentümer-Besitzer-Verhältnis 54
Übersicht 10 Verwendungsersatz 58
Übersicht 11 Wichtige Grundsätze der GBO 66
Übersicht 12 Öffentlicher Glaube des Grundbuchs 75
Übersicht 13 Dienstbarkeiten 88
Übersicht 14 Umfang der Dienstbarkeiten 89
Übersicht 15 Die Legitimation des Gläubigers 115
Übersicht 16 Umfang der Hypothekenhaftung 117
Übersicht 17 Erlöschen der Hypothek 122
Übersicht 18 Nicht für Grundschuld 124
Übersicht 19 Entstehensgründe der Eigentümergrundschuld 132
Übersicht 20 Hypothek und Grundschuld 135

Prüfschema 1 Eigentumserwerb an beweglichen Sachen 40
Prüfschema 2 Eigentümer-Besitzer-Verhältnis (EBV) 59
Prüfschema 3 Erwerb eines Grundstücks vom Eigentümer 71
Prüfschema 4 Gutgläubiger Erwerb 79
Prüfschema 5 Erwerb einer Hypothek 116
Prüfschema 6 Erwerb einer Grundschuld 126

I. Allgemeines

Lektion 1: Grundsätze des Sachenrechts

Das 3. Buch des BGB mit den Paragraphen 854–1296 betrifft unser Thema, das Sachenrecht. Das Sachenrecht umfasst inhaltlich vor allem den Besitz, das Eigentum und die – kompliziert benannten – beschränkt dinglichen Rechte. Regeln zu Sachen finden sich zudem im allgemeinen Teil des BGB (§§ 90–103).

Begleiten Sie unsere Protagonisten Emil Ehrlich, Bruno Biber und Buchhändler Büchner durch das Sachenrecht. Sie werden am Ende zu dem Ergebnis kommen, dass Sachenrecht – *leicht gemacht*® nicht – wie man zunächst denkt – ein Widerspruch in sich, sondern tatsächlich möglich ist.

Eine Notwendigkeit vorab: Legen Sie sich jetzt das BGB in Textform neben sich und machen Sie sich die Mühe, die genannten Vorschriften auch nachzulesen; denn es ist etwas Wahres daran, wenn es heißt: *Ein Blick in das Gesetz erleichtert die Rechtsfindung.*

Auch im Sachenrecht gibt es – wie etwa im Schuldrecht – bestimmte Grundsätze, die im Gesetz nicht ausdrücklich genannt sind, auf denen aber das gesamte Sachenrecht basiert. Es handelt sich dabei um insgesamt fünf Grundsätze, die wir jetzt der Reihe nach durchgehen:

- ▶ Spezialität
- ▶ Publizität
- ▶ Absolutheit der Rechte
- ▶ Typenzwang
- ▶ Abstraktionsprinzip

Diese Grundsätze des Sachenrechts können Sie wie eine Art Allgemeiner Teil des Sachenrechts sehen. Sie gelten also in allen Teilbereichen des Sachenrechts.

Aber halt, vorab eine Zusatzinfo: Da diese Grundsätze gerade nicht im Gesetz genannt sind, haben sich auch andere Reihenfolgen oder – etwa durch Aufsplittung – sogar andere Anzahlen entwickelt. Diese sind natürlich in der Regel auch nicht zu beanstanden. Hier wird die bekannte Variante mit fünf Grundsätzen dargelegt, welche Sie ohne Bedenken und weitere Erklärungen anwenden können.

Legen wir nun mit den einzelnen Grundsätzen des Sachenrechts los!

Spezialität

Der erste Grundsatz ist der der Spezialität, die auch als Bestimmtheit bezeichnet wird. Wir verwenden im Folgenden den Begriff der Bestimmtheit, weil damit dieser Grundsatz viel besser verständlich ist.

Dieser Grundsatz der Bestimmtheit bedeutet, dass sich dingliche Rechte und Rechtsänderungen immer auf eine konkrete, also auf eine bestimmte einzelne Sache beziehen. Dies ist einfach verständlich, es muss immer eine einzelne Sache betroffen sein. Trotzdem können – was in der Praxis wichtig, aber auch problematisch ist – auch Sachgesamtheiten übereignet werden, wenn klar erkennbar und nachvollziehbar ist, welche einzelnen Sachen aus der Sachgesamtheit Gegenstand der dinglichen Verfügung sein sollen.

Da diese Aussagen nun alles andere als konkret sondern sehr abstrakt sind, nun zum Einstieg ein paar Fälle.

Fall 1
Buchhändler Büchner übereignet der Bücherwurm-Bank zur Sicherung eines Kredites sein halbes Bücherlager zur Sicherheit. Ist das mit dem Grundsatz der Bestimmtheit vereinbar?

Fall 2
Buchhändler Büchner übereignet alle Krimis des Autors Kalle Kaliber an die Bücherwurm-Bank. Ist das für den Grundsatz der Bestimmtheit konkret genug?

Fall 3

Buchhändler Büchner übereignet sein Bücherlager bis zu einem Wert von 10.000 Euro an die Bücherwurm-Bank. Bestimmtheit?

Im Fall 1 ist das halbe Bücherlager keine bestimmte einzelne Sache. Es ist zwar eine Sachgesamtheit, aber ist es ist gerade nicht klar erkennbar, welche einzelnen Sachen dieser Sachgesamtheit übereignet werden sollen.

Die Sicherungsübereignung im Fall 1 scheitert demnach an der Bestimmtheit.

Im Fall 2 sieht es nun schon anders aus. Die Krimis von Kalle Kaliber sind zwar keine einzelne Sache, aber es ist klar erkennbar, welche Bücher aus dem gesamten Bücherlager Gegenstand der Verfügung sein sollen – alle Bücher von Kalle Kaliber im Bestand des Buchhändlers nämlich.

Wir merken uns: Bei einem Warenlager können auf eine bestimmte Art und Weise erkennbare Sachen trotz des Grundsatzes der Bestimmtheit übereignet werden.

Jetzt ist die Lösung von Fall 3 ganz einfach: Alle Bücher bis 10.000 Euro sind weder bestimmte einzelne Sachen noch auf eine bestimmte Art und Weise erkennbare Sachen, so dass auch im Fall 3 die Sicherungsübereignung am Grundsatz der Bestimmtheit scheitert.

Publizität

Der Grundsatz der Publizität wird auch als Offenkundigkeitsprinzip bezeichnet. Dahinter verbirgt sich, dass die dingliche Zuordnung von Sachen und Veränderungen der dinglichen Zuordnung nach außen hin erkennbar sind. Wegen der Absolutheit der sachenrechtlichen Rechte, also ihrer Wirkung gegenüber jedermann, muss die sachenrechtliche Zuordnung nach außen erkennbar sein.

Bei beweglichen Sachen liegt diese Offenkundigkeit im Besitz. Konsequenterweise verlangt das Sachenrecht deshalb bei einer Änderung der dinglichen Rechtslage regelmäßig die Übertragung des Besitzes.

Bei Grundstücken besteht die Publizität in der Eintragung im Grundbuch. Eine Änderung der dinglichen Rechtslage erfordert daher die Eintragung der Rechtsänderung im Grundbuch.

Es gilt die im Sachenrecht sehr wichtige gesetzliche Vermutung, dass der jeweilige sog. Publizitätsträger auch der dinglich Berechtigte ist. Zugunsten des Besitzers einer beweglichen Sache wird daher vermutet, dass er Eigentümer ist (§ 1006 I S. 1 BGB). Entsprechend wird vermutet, dass derjenige, der im Grundbuch als Eigentümer steht, auch tatsächlich Eigentümer des Grundstücks ist (§ 891 I BGB). Ausführlich hierzu in Lektion 9.

Leitsatz 1

Publizität

Der Grundsatz der Publizität hat die Bedeutung, dass dingliche Rechte, also die sachenrechtliche Zuordnung, **offenkundig** sind. Sie sind nach außen durch den **Besitz** oder die Eintragung in das **Grundbuch** zu erkennen. Es wird gesetzlich vermutet, dass der Publizitätsträger auch der tatsächlich Berechtigte ist (u.a. §§ 891 I, 1006 I BGB).

Absolute Rechte

Und schon geht es zum dritten Grundsatz: Die dinglichen Rechte sind absolute Rechte. Sie wirken gegenüber jedermann und müssen von jedem beachtet werden.

Wir kennen absolute Rechte schon aus dem Schuldrecht, nämlich vor allem aus § 823 I BGB. Dort sind absolute Rechte ausdrücklich genannt, nämlich:

▶ Leben

▶ Körper und Gesundheit

▶ Freiheit

▶ Eigentum

▶ sonstige Rechte (z.B. das Recht am eigenen Namen und am eigenen Bild)

Die absoluten Rechte sind subjektive Rechte. Der Inhaber eines solchen Rechts kann von anderen nicht nur ein bestimmtes Tun oder Unterlassen verlangen, sondern nach Belieben über sein Recht verfügen.

Weil das auch schon wieder sehr theoretisch ist, gleich noch ein Fall.

Fall 4
Emil Ehrlich ist Eigentümer eines Krimis seines Lieblingsautors Kalle Kaliber. Kann er diesen Krimi verschenken, verleihen, verkaufen, wegwerfen?

Wie wir oben gesehen haben, ist das Eigentum ein absolutes, ein subjektives, Recht. Im Fall 4 kann Emil Ehrlich daher nach Belieben über sein Eigentum an dem Krimi verfügen; er kann damit tun und lassen, was er will – verschenken, verleihen, verkaufen, wegwerfen usw.

Der Gegensatz zu den absoluten, subjektiven Rechten sind die relativen, die persönlichen Rechte. Das sind Rechte, die nur gegenüber demjenigen Wirkung entfalten, zu dem eine konkrete schuldrechtliche Beziehung besteht. Es handelt sich um Rechte inter partes.

Fall 5
Emil Ehrlich hat bei Buchhändler Büchner einen Kaufvertrag über einen Krimi seines Lieblingsautors Kalle Kaliber geschlossen. Bevor der Krimi übereignet wird, schließt Büchner seinen Laden aus Altersgründen. Emil Ehrlich verlangt jetzt vom Verlag die Übereignung des Krimis.

Der Anspruch auf Übereignung ist kein absolutes sondern ein relatives Recht, das nur zwischen den Vertragsparteien, also zwischen Emil Ehrlich und Buchhändler Büchner gilt. Im Fall 5 kann Emil Ehrlich damit seinen Anspruch auf Übereignung des Krimis nicht gegenüber dem Verlag geltend machen.

Wegen der Absolutheit der dinglichen Rechte gibt es aber auch Regeln zum Schutz Dritter und Einschränkungen der dinglichen Rechte. Wir denken hier an die Regeln des Besitzschutzes und des öffentlichen Glaubens des Grundbuchs, die wir in den folgenden Lektionen im Einzelnen kennenlernen werden.

Typenzwang

Kommen wir nun zu einem weiteren sachenrechtlichen Grundsatz, dem Typenzwang, den das Schuldrecht nicht kennt.

Wiederholen wir kurz die Grundsätze des Schuldrechts, um die Unterschiede zum Sachenrecht klarer zu erkennen: Im Schuldrecht sind die Parteien aufgrund der Vertragsfreiheit frei, ihr Vertragsverhältnis „nach Lust und Laune" zu gestalten.

Zwar enthält der besondere Teil des Schuldrechts Regeln für bestimmte schuldrechtliche Verträge, wie z.B. Schenkung (§§ 516 ff. BGB), Auftrag (§§ 662 ff. BGB), Kaufvertrag (§§ 433 ff. BGB), Dienstvertrag (§§ 611 ff. BGB), Werkvertrag (§§ 631 ff. BGB) und vieles andere mehr. Weil im Schuldrecht gerade kein Typenzwang herrscht, sind die Parteien bei ihren Verträgen nicht an die im BGB genannten gesetzlichen Vertragstypen gebunden, sondern können die meisten Regeln, die der Gesetzgeber für den Vertragstyp vorsieht, wie z.B. die Gewährleistung beim Kaufvertrag, abbedingen.

Ausnahmen der großen Freiheit bestehen allerdings in jenen Fällen, in denen das Gesetz solche Abbedingen nicht zulässt, also eine zwingende Regel besteht. Als Beispiel sei hier die Regel des § 475 BGB genannt, wonach zu Gunsten des Verbrauchers beim Verbrauchsgüterkauf die Gewährleistung nicht vollständig ausgeschlossen werden kann.

Die Vertragsparteien sind im Schuldrecht außerdem frei darin, Verträge zu schließen, die Elemente verschiedener Vertragstypen enthalten oder sogar ganz neue Vertragstypen zu schaffen. Man spricht dann von typengemischten Verträgen. Als Beispiel sei hier das Ihnen sicherlich bekannte Leasing (eine Mischung aus Kauf und Miete) genannt, bei dem sowohl kaufrechtliche als auch mietrechtliche Regeln zur Anwendung kommen. Schaffen die Parteien einen neuen Vertrag ganz eigener Art, dann gelten nur die Regeln des allgemeinen Teils des Schuldrechts.

Ganz anders ist hier das Sachenrecht. Hier können aufgrund des Typenzwangs keine neuen dingliche Rechte geschaffen werden. Lediglich die im Gesetz genannten Rechte sind möglich. Man nennt dies auch den „numerus clausus" der dinglichen Rechte.

Um festzustellen, welche dinglichen Rechte das BGB kennt, ziehen wir das Inhaltsverzeichnis des 3. Buchs unseres BGB heran und lesen es. Das BGB kennt demnach folgende dingliche Rechte:

- Besitz §§ 854 – 872 BGB
- Eigentum §§ 903 – 1011 BGB
- Dienstbarkeiten §§ 1018 – 1093
  - Grunddienstbarkeiten §§ 1018 – 1029 BGB
  - Nießbrauch §§ 1030 – 1089 BGB
  - beschränkt persönliche Dienstbarkeit §§ 1090 – 1093 BGB
- Vorkaufsrecht §§ 1094 – 1104 BGB
- Reallasten §§ 1105 – 1112 BGB
- Hypothek §§ 1113 – 1190 BGB
- Grundschuld §§ 1191 – 1198 BGB
- Rentenschuld §§ 1199 – 1203 BGB
- Pfandrecht §§ 1204 – 1296 BGB

Aber wie so oft gilt auch beim Typenzwang: Keine Regel ohne Ausnahme. Es gibt noch drei gewohnheitsrechtlich anerkannte dingliche Rechte außerhalb des BGB, nämlich:

- Anwartschaftsrecht
- Sicherungseigentum
- Sicherungsgrundschuld

Dazu gleich ein Leitsatz:

Leitsatz 2

Typenzwang

Der **numerus clausus** der dinglichen Rechte

▶ **aus dem BGB**
Besitz, Eigentum, Dienstbarkeit (Grunddienstbarkeit, Nießbrauch, beschränkt persönliche Dienstbarkeit), Vorkaufsrecht, Reallast, Hypothek, Grundschuld, Rentenschuld, Pfandrecht

▶ **gewohnheitsrechtlich anerkannt**
Anwartschaftsrecht, Sicherungseigentum, Sicherungsgrundschuld

Abstraktionsprinzip

Kommen wir jetzt zum letzten und auf den ersten Blick am schwersten verständlichen Grundsatz des Sachenrechts, zum Abstraktionsprinzip. Es ist allerdings – auf den zweiten Blick – möglich, dass Sie meinen, dass dieses nichts Neues für Sie ist, da es Ihnen vermeintlich schon beim AT/BGB oder auch beim Schuldrecht über den Weg gelaufen ist.

Fangen wir einmal ganz langsam an: Sie haben beim AT/BGB oder auch beim Schuldrecht das Trennungsprinzip kennengelernt.

Das Trennungsprinzip bedeutet, dass das Verpflichtungs- vom Verfügungsgeschäft rechtlich unabhängig ist. Wenn Sie das Buch Allgemeiner Teil des BGB – *leicht gemacht*® besitzen, so studieren Sie bitte dort die Lektion 5. Das sachenrechtliche Verfügungsgeschäft braucht kein schuldrechtliches Verpflichtungsgeschäft. Das bedeutet, dass beispielsweise beim Kaufvertrag das Eigentum am Kaufgegenstand noch nicht mit dem Abschluss des Kaufvertrags auf den Käufer übergeht, sondern ein weiteres Rechtsgeschäft, die Verfügung – beim Kaufvertrag ist das die Übereignung – erforderlich ist.

Das Abstraktionsprinzip geht jetzt noch weiter. Es bedeutet auch, dass die Wirksamkeit des Verfügungsgeschäfts weder davon abhängt, dass es überhaupt irgendein Verpflichtungsgeschäft gibt, noch davon, dass die Verpflichtung wirksam ist.

Die Unwirksamkeit des einen Geschäfts hat daher in der Regel keine Auswirkungen auf die Wirksamkeit des anderen Geschäfts. Die Wirksamkeit jedes Geschäfts muss an den dafür geltenden gesetzlichen Normen gemessen werden.

Folge: *Fehlt bei einem sachenrechtlich wirksamen Verfügungsgeschäft ein solches Verpflichtungsgeschäft, dann muss aufgrund der Wirksamkeit des Verfügungsgeschäfts (Abstraktionsprinzip!) ein Ausgleich nach den bekannten bereicherungsrechtlichen Vorschriften der §§ 812 ff. BGB erfolgen.*

Das war nun reichlich abstrakt! Zur Verdeutlichung jetzt zuerst ein Fall zur Wiederholung des Trennungsprinzips.

Fall 6
Emil Ehrlich hat beim Buchhändler Büchner den neuesten Krimi seines Lieblingsautors Kalle Kaliber gefunden. Büchner verpackt den Krimi, gibt ihn Emil Ehrlich und bekommt dann 10 Euro von Emil Ehrlich. Welche Verträge wurden geschlossen?

Der erste Vertrag, den Emil Ehrlich und Buchhändler Büchner schließen, ist ein Kaufvertrag gemäß § 433 BGB. Büchner hat sich verpflichtet, Emil Ehrlich das Eigentum und den Besitz an dem Krimi zu übertragen und Emil Ehrlich hat sich verpflichtet, den Kaufpreis in Höhe von 10 Euro zu bezahlen und die Sache abzunehmen (§ 433 II BGB). Dies ist das Verpflichtungsgeschäft.

Als Zweites erfüllt Büchner seine Verpflichtung aus § 929 S. 1 BGB (nachlesen!) durch Eigentumsübertragung und Übergabe des Krimis. Dies ist das sogenannte dingliche Rechtsgeschäft oder Verfügungsgeschäft.

Drittens erfüllt auch Emil Ehrlich seine Verpflichtung aus § 929 S. 1 BGB (noch einmal lesen!) durch Eigentumsübertragung und Übergabe des Kaufpreises in Höhe von 10 Euro. Dies ist wieder ein Verfügungsgeschäft.

Fall 7
Emil Ehrlichs 7-jährige Neffe Norbert, der jeden Monat fünf Euro Taschengeld zur Verfügung hat, sieht beim Antiquariat Büchner alle Comics von Nick Knatteron für 22 Euro. Begeistert betritt er den Laden und

einigt sich mit Büchner, dass er alle Comics direkt mitnehmen darf, die zwei Euro, die er dabei hat, als Anzahlung bezahlt und den Rest in monatlichen Raten von fünf Euro bezahlt. Als Norbert nach Hause kommt und seinen Eltern stolz von seinem Kauf erzählt sind diese entsetzt und überhaupt nicht damit einverstanden, dass Norbert jetzt vier Monate lang die Comics bezahlen muss. Ist die Übereignung der Comics an Norbert wirksam?

Wir erinnern uns an das Trennungsprinzip und fangen mit der Prüfung des ersten Vertrages, dem Kaufvertrag an. Dieser ist gemäß §§ 107, 108 BGB unwirksam, weil Norbert minderjährig ist und ein Ratenzahlungsvertrag nie rechtlich vorteilhaft ist. Aus dem Sachverhalt ergibt sich, dass Norberts Eltern das Geschäft auch nicht genehmigen. Und was ist jetzt mit der Übereignung der Comics?

Nun kommt das Abstraktionsprinzip ins Spiel: Das Verfügungsgeschäft, nämlich die Übereignung der Comics, ist rechtlich unabhängig vom Verpflichtungsgeschäft, dem Kaufvertrag. Dass der Kaufvertrag unwirksam ist, hat also bei der Frage der Wirksamkeit der Übereignung keine Bedeutung.

Weil das Verfügungsgeschäft für Norbert rechtlich vorteilhaft ist – er erwirbt Eigentum an den Comics –, ist es wirksam.

Zum Thema Geschäftsfähigkeit und Minderjährigkeit können Sie ausführlicher in dem Buch Allgemeiner Teil des BGB – *leicht gemacht*® nachlesen.

Das Ergebnis im Fall 7 ist also, dass die Übereignung der Comics an Norbert wirksam ist, obwohl der Kaufvertrag unwirksam ist.

Jetzt müsste das Abstraktionsprinzip doch weniger abstrakt und etwas konkreter sein.

Wir merken uns zum Abschluss der ersten Lektion die Übersicht 1:

Übersicht 1: Grundsätze des Sachenrechts

Grundsatz	Inhalt
Bestimmtheit (auch: Spezialität)	Dingliche Rechte gibt es nur an individuell bestimmten Sachen oder Sachgesamtheiten.
Publizität (auch: Offenkundigkeit)	Dingliche Rechte sind offenkundig; bei Sachen ist dies der Besitz, bei Grundstücken die Eintragung im Grundbuch.
Absolutheit der Rechte	Dingliche Rechte wirken gegenüber jedermann und müssen von jedem beachtet werden.
Typenzwang (auch: numerus clausus)	Es können durch die Parteien keine neuen dinglichen Rechte geschaffen werden. Die dinglichen Rechte sind im BGB abschließend geregelt.
Abstraktionsprinzip	Verpflichtungs- und Verfügungsgeschäft sind rechtlich voneinander unabhängig.

Lektion 2: Sachen

Aus dem Allgemeinen Teil des BGB wissen wir schon, dass im ersten Buch des BGB die allgemeinen Regeln enthalten sind, die für das ganze BGB gelten, also auch für das Sachenrecht. Bevor wir uns nun endgültig ins 3. Buch des BGB stürzen, schauen wir uns den Abschnitt des 1. Buchs an, der einen ganz engen Bezug zum Sachenrecht hat, nämlich den 2. Abschnitt des 1. Buchs des BGB, die §§ 90–103 BGB, der die Überschrift „Sachen und Tiere" trägt.

Zu beachten ist, dass es sich bei diesen Normen regelmäßig nicht um Anspruchsgrundlagen handelt, sondern auch häufig um bloße Definitionen. Anspruchsgrundlagen sind nur die §§ 101–103 BGB (bitte nachlesen!), also die Regeln über die Verteilung der Nutzungen und Lasten einer Sache.

> ### Leitsatz 3
> **Definition der Sachen**
>
> **Sachen** sind nach § 90 BGB **körperliche Gegenstände**, unabhängig von ihrem Aggregatszustand. Es können flüssige, feste oder gasförmige Gegenstände sein. Entscheidend ist die Verkehrsanschauung.

Fall 8
Handelt es sich bei den folgenden Dingen um eine Sache im Sinne des § 90 BGB oder nicht? Wasser in einer Flasche, Licht, elektrische Energie, Gas im Ballon, Computerprogramm, Datenträger?

Entscheidend für die Frage, ob eine Sache im Sinne des § 90 BGB vorliegt, ist, ob es sich um eine körperliche oder eine körperlose Sache handelt.

Wenn Sie diesen Grundsatz auf Fall 7 anwenden, ist die Antwort einfach: Das Wasser in der Flasche und das Gas im Ballon sind körperliche Gegenstände, weil sie abgrenzbar und damit beherrschbar sind. Licht und elektrische Energie sind nicht abgrenzbar und damit auch nicht beherrschbar, also keine Sachen im Sinne des § 90 BGB. Genau so verhält es sich beim Computerprogramm und dem Datenträger: Der Datenträger ist körperlich und damit abgrenzbar; das Computerprogramm dagegen nicht.

Der Vollständigkeit halber ist bei der Frage, was Sachen im Sinne des BGB sind, darauf hinzuweisen, dass seit 1990 im BGB in § 90a BGB ausdrücklich geregelt ist, dass Tiere keine Sachen im Sinne des BGB sind.

Was sind Tiere dann aber, wenn sie keine Sachen sind? Abschnitt 1 des 2. Buches des BGB ist überschrieben mit „Personen", Abschnitt 2 mit „Sachen und Tiere" Dass die Tiere nicht zu den Personen zählen sollen, die im ersten Abschnitt des ersten Buchs des BGB genannt sind, ergibt sich daraus, dass die im BGB genannten Personen Träger von Rechten und Pflichten sind – und das sind Tiere definitiv nicht!

Ob Tiere jetzt aber „körperliche Gegenstände eigener Art" sind oder überhaupt nicht gesondert zu qualifizieren sind, kann offen bleiben, weil in § 90a S. 3 BGB geregelt ist, dass auf Tiere die für Sachen geltenden Vorschriften anzuwenden sind, wenn nicht etwas anderes bestimmt ist. Dabei kann gemäß § 90a S. 2 BGB „etwas anderes" nicht nur im BGB sondern auch in besonderen Gesetzen zum Schutz der Tiere bestimmt sein.

Die Sachen werden rechtlich weiter unterteilt in:

▶ bewegliche und unbewegliche Sachen (§§ 94–96 BGB)

▶ vertretbare und unvertretbare Sachen (§ 91 BGB)

▶ verbrauchbare und unverbrauchbare Sachen (§ 92 BGB)

▶ Einzelsachen und Sachgesamtheiten (§ 92 II BGB)

Beachte: *Die Unterscheidung von beweglichen und unbeweglichen Sachen ist von wesentlicher Bedeutung für das Sachenrecht, weil sich Übertragung und Belastung von beweglichen und unbeweglichen Sachen nach ganz verschiedenen Regeln richtet.*

Unbeweglich ist das Grundstück mit allen seinen wesentlichen Bestandteilen (§ 93 BGB), beweglich sind alle anderen Sachen.

Die gesetzliche Definition der vertretbaren Sache findet sich in § 91 BGB (nachlesen!). Aus dieser Definition ergibt sich, dass nur bewegliche Sachen vertretbar sein können.

Fall 9

Welche der nachstehenden Sachen sind vertretbar, welche unvertretbar? Geld, geerbter Füller, Kugelschreiber, Neuwagen, Gebrauchtwagen, Einbaumöbel?

Zunächst lesen wir noch einmal die Definition in § 91 BGB! Aus dieser Definition ergibt sich die Lösung von Fall 9.

Vertretbare Sachen im Sinne des BGB sind Geld, der Neuwagen und der Kugelschreiber. Nicht vertretbare Sachen sind der geerbte Füller, der Gebrauchtwagen und Einbaumöbel, weil diese Sachen wegen ihrer Individualität nicht ohne weiteres austauschbar sind.

Die Legaldefinition der verbrauchbaren Sache finden wir in § 92 BGB (lesen!).

Es kommt nicht darauf an, ob Sachen durch den Gebrauch bis zur Unbrauchbarkeit abgenutzt werden (Autos, Möbel usw.) sondern darauf, ob die Sache nach ihrer Bestimmung dem Verbrauch oder dem Gebrauch dient.

Fall 10

Welche der nachstehenden Sachen sind verbrauchbar, welche unverbrauchbar? Lebensmittel, Wein, Möbel, Autos?

Dem Verbrauch dienen Lebensmittel und Wein, während dem Gebrauch Möbel und Autos dienen.

Mehrere Sachen kann man nach §§ 946, 947 BGB zu einer neuen Sache oder nach §§ 92 II BGB zu einer Sachgesamtheit verbinden. Bitte lesen Sie diese Vorschriften nach!

Fall 11

Liegt nach dem Zusammenfügen von Brettern, Nägeln, Leim usw. zu einem Schrank eine neue Einzelsache oder eine Sachgesamtheit vor? Wie verhält es sich, wenn ein Sammler seine gesamte Sammlung einem Museum übergibt?

Bei der Herstellung eines Schrankes verlieren die einzelnen Bestandteile ihre rechtliche Selbstständigkeit und werden eine neue Einzelsache, nämlich ein Schrank. Anders verhält es sich bei den einzelnen Bestandteilen der Sammlung; sie werden Bestandteil der Sammlung des Museums, verlieren aber ihre rechtliche Selbstständigkeit nicht.

Sachen bestehen aus verschiedenen Bestandteilen, nämlich

▶ wesentlichen und unwesentlichen Bestandteilen.

Davon abzugrenzen sind die Scheinbestandteile.

Leitsatz 4

Bestandteile einer Sache

Nach § 93 BGB ist ein Bestandteil **wesentlich**, wenn er nicht von der **Sache** getrennt werden kann, ohne dass er selbst oder ein Teil der Sache zerstört oder in seinem Wesen verändert wird. **Wesentliche Bestandteile** können anders als **unwesentliche** Bestandteile **nicht** Gegenstand besonderer Rechte sein.

Für die Frage, ob es sich um einen wesentlichen oder unwesentlichen Bestandteil handelt, kommt es auf die Art der Verbindung an. Können die Einzelteile ohne Wertverlust getrennt werden, behalten sie ihre rechtliche Selbstständigkeit; anderenfalls handelt es sich um wesentliche Bestandteile.

Fall 12

Handelt es sich bei der Karosserie, den Rädern eines Autos und den Autoreifen um wesentliche oder unwesentliche Bestandteile des Autos?

Zur Wiederholung lesen wir noch einmal die Definition in § 93 BGB.

Bei der Karosserie und den Rädern eines Autos handelt es sich demnach um wesentliche Bestandteile, bei den bloßen Autoreifen dagegen um unwesentliche Bestandteile des Autos.

Zu den Bestandteilen von Grundstücken nun den Leitsatz 5.

Leitsatz 5

Bestandteile von Grundstücken

Nach § 94 BGB sind wesentliche Bestandteile eines **Grundstücks** alle mit dem Grund und Boden **fest verbundenen** Sachen. Dazu gehören auch die zur Herstellung des Gebäudes eingefügten Sachen.

Fall 13

Handelt es sich bei der Fertiggarage, die nur auf eine Bodenplatte aufgesetzt wird, um einen wesentlichen Bestandteil des Grundstücks? Wie verhält es sich bei dem auf der Wiese aufgestellten Gartenpavillon?

Wir erinnern uns an Leitsatz 4.

Da die Fertiggarage allein auf Grund ihres Gewichts fest mit dem Grund und Boden verbunden ist, handelt es sich um einen wesentlichen Bestandteil des Grundstücks. Anders ist es dagegen bei dem Gartenpavillon, der sich leicht wieder entfernen lässt und somit unwesentlicher Bestandteil des Grundstücks ist.

Wesentliche Bestandteile eines Gebäudes sind auch Sachen im Sinne des § 94 II BGB (nachlesen!), ohne die das Gebäude nach der Verkehrsanschauung nicht fertig gestellt wäre. Entscheidend ist nicht die feste Verbindung sondern das dauerhafte Einfügen.

Fall 14

Ist die auf einem Betonfundament aufgestellte Garage wesentlicher Bestandteil des Gebäudes? Wie verhält es sich beim Aufzug, beim Dachstuhl und beim Einbauschrank?

Wir lesen zur Wiederholung noch einmal § 94 II BGB. Daraus ergibt sich, dass die Garage, die auf einem Betonfundament steht, der Dachstuhl und der Aufzug wesentliche Bestandteile des Gebäudes sind. Umstritten ist allerdings, ob Einbauschränke und -küchen wesentliche Bestandteile werden. Es werden beide Auffassungen mit guten Argumenten vertreten. Eine feste Verbindung und eine konkrete bauliche Anpassung spricht jedoch für die Annahme eines wesentlichen Bestandteils.

Scheinbestandteile sind nur zu einem vorübergehenden Zweck mit dem Grundstück verbunden (§ 95 I S. 1 BGB). Scheinbestandteile im Sinne des § 95 BGB sind also keine wesentlichen Bestandteile. Bei § 95 BGB handelt es sich somit um eine Ausnahmeregel zu §§ 93, 94 BGB. Der Scheinbestandteil bleibt eine rechtlich selbstständige bewegliche Sache. Dies trifft beispielsweise auf einen fest aufgestellten Gartenkamin zu.

Das Gleiche gilt von einem Gebäude oder anderen Werk, das in Ausübung eines Rechts an einem fremden Grundstück verbunden worden ist (§ 95 I S.2 BGB). Dies gilt z.B. für eine Pipeline, die dem Erbauer und nicht den vielen Grundstückseigentümern gehört.

Für das Zubehör gibt es im BGB in den §§ 97, 98 BGB eine Legaldefinition.

Nach diesen Vorschriften (bitte lesen Sie die §§ 97, 98 BGB genau!) handelt es sich beim Zubehör um bewegliche Sachen, die dem wirtschaftlichen Zweck der Hauptsache dienen, ohne wesentlicher Bestandteil, also mit der Hauptsache verbunden, zu sein.

Früchte und Nutzungen sind in den §§ 99, 100 BGB definiert; in den §§ 101 – 103 BGB finden wir dann (endlich) auch Anspruchsgrundlagen. Dort ist die rechtliche Zuordnung der Früchte und Nutzungen geregelt.

▶ Früchte einer Sache sind nach § 99 I BGB ihre Erzeugnisse und sonstige bestimmungsgemäße Ausbeute (z.B.: Eier, Getreide, Sand, Kies usw.)

▶ Früchte eines Rechts sind nach § 99 II BGB seine bestimmungsgemäßen Erträge (z.B.: Mietertrag, Darlehenszins usw.)

▶ Nutzungen sind nach § 100 BGB die Früchte einer Sache, eines Rechts und Gebrauchsvorteile (z.B.: die Möglichkeit, eine Sache zu nutzen)

In § 101 BGB (lesen!) ist geregelt, wem die Früchte zustehen, „sofern nichts anderes bestimmt ist". Das bedeutet, dass § 101 BGB quasi eine Auffangvorschrift für die Fälle ist, in denen es keine andere gesetzliche oder vertragliche Regel oder keine Verfügung von Todes wegen gibt. Alle diese Regeln gehen § 101 BGB vor!

§ 102 BGB (lesen!) regelt, wer die Kosten der für die Gewinnung der Früchte erforderlichen Aufwendungen zu tragen hat. Auch § 102 BGB ist wie § 101 BGB eine Auffangvorschrift; andere gesetzliche oder vertragliche Regeln und Verfügungen von Todes wegen gehen § 102 BGB somit ebenfalls vor.

§ 103 BGB regelt schließlich die schuldrechtliche Verteilung der Lasten. Lasten sind z.B. Hypotheken- und Grundschuldzinsen.

Übersicht 2: Sachen

Sachen werden unterteilt in:		
bewegliche und	**unbewegliche** Sachen	(§§ 94 – 96, 874 ff. BGB)
vertretbare und	**unvertretbare** Sachen	(§ 91 BGB)
verbrauchbare und	**unverbrauchbare** Sachen	(§ 92 BGB)
Einzelsachen und	**Sachgesamtheiten**	(§ 92 II BGB)
Sachen bestehen aus		
wesentlichen und	**unwesentlichen**	Bestandteilen
Aus Sachen können		
Früchte und	**Nutzungen**	gezogen werden

Lektion 3: Besitz

Besitzarten

Unter „Besitz" versteht man die von einem Herrschaftswillen getragene tatsächliche Gewalt über eine Sache. Besitzen kann man nur Sachen. Wir erinnern uns an Leitsatz 3 zur Definition der Sachen. Man kann also z.B. weder Rechte noch ein Vermögen besitzen.

Vom Besitz zu unterscheiden ist das Eigentum, das ab Lektion 4 behandelt wird, auch wenn in der Umgangssprache Besitz und Eigentum oft synonym verwendet werden.

Fall 15
Emil Ehrlich hat sich einen gerade neu erschienenen Krimi von seinem Lieblingsautor gekauft und zuhause auf den Wohnzimmertisch gelegt. Bruno Biber sieht diesen Krimi bei einem Besuch und nimmt ihn einfach mit, weil er ihn auch noch nicht kennt. Wer ist Eigentümer und wer Besitzer des Krimis?

Eigentümer ist Emil Ehrlich, weil ihm der Krimi „gehört", Besitzer ist Bruno Biber, weil er ihn „hat", also unmittelbaren Zugriff auf den Krimi hat. Er übt also die tatsächliche Sachherrschaft aus.

Aber: So ganz falsch ist die umgangssprachliche Gleichsetzung von Eigentum und Besitz trotzdem nicht. Nach § 1006 BGB gilt bei beweglichen Sachen nämlich die gesetzliche Vermutung, dass der Besitzer einer beweglichen Sache auch der Eigentümer ist. Diese Vermutung kann der Eigentümer aber widerlegen. In Fall 10 könnte Emil Ehrlich, wenn sich Bruno Biber auf seinen unmittelbaren Besitz beruft, Buchhändler Büchner als Zeugen dafür benennen, dass er Eigentümer der Krimis ist.

Im BGB gibt es eine auf den ersten Blick verwirrende Vielfalt von Besitzarten. Die Besitzarten des BGB kann man aber in sechs große Gruppen einteilen. Die Besitzart beruht dabei jeweils auf verschiedenen Kriterien.

Übersicht 3: Besitzarten

Kriterium	Besitzart	Rechtsgrundlage
Sachnähe	**unmittelbarer Besitz** **mittelbarer Besitz**	§ 854 BGB § 869 BGB
Umfang der Sachherrschaft	**Vollbesitz** **Teilbesitz**	§ 865 BGB
Zahl der Besitzer	**Alleinbesitz** **Mitbesitz**	§ 866 BGB
Willensrichtung	**Eigenbesitz** **Fremdbesitz**	§ 872 BGB
Rechtsbeziehung zwischen Eigentümer und Besitzer	**berechtigter Besitz** **unberechtigter Besitz**	§ 986 BGB
Erwerbsart	**fehlerfreier Besitz** **fehlerhafter Besitz**	§ 858 II BGB

Für das BGB ist der unmittelbare Besitz nach § 854 I BGB der Normalfall.

Fall 16
Emil Ehrlich hat ein Haus. Ist er mittelbarer oder unmittelbarer Besitzer seines Hauses, wenn er selbst darin wohnt, und wenn er es seiner Schwester Sabine vermietet hat?

Wir schauen in Übersicht 3 nach: Solange Emil Ehrlich sein Haus selbst bewohnt, ist er nach dem Kriterium der Sachnähe unmittelbarer Besitzer. Vermietet er es dagegen seiner Schwester Sabine, die auch im Haus wohnt, dann ist Sabine aufgrund der größeren Sachnähe unmittelbare Besitzerin; Emil Ehrlich bleibt aber mittelbarer Besitzer.

Fall 17
Emil Ehrlich wohnt in seinem Haus und vermietet in seinem Haus seiner Schwester Sabine ein Zimmer. Wer hat welche Art von Besitz?

Nach der Übersicht 3 ist jetzt das Kriterium des Umfangs der Sachherrschaft ausschlaggebend. Emil Ehrlich verliert seinen Vollbesitz, wenn er seiner Schwester Sabine ein Zimmer vermietet. Sabine erwirbt Teilbesitz an diesem Zimmer.

Fall 18
Emil Ehrlich und seine Schwester Sabine bewohnen das Haus gemeinsam.

Jetzt haben Emil Ehrlich und seine Schwester beide Mitbesitz. Alleinbesitzer ist Emil Ehrlich dagegen im Fall 16, wenn er alleine in seinem Haus wohnt.

Fall 19
Emil Ehrlich hat seiner Schwester Sabine sein Haus vermietet. Sabine wohnt in diesem Haus. Als Emil Ehrlich für ein paar Monate selbst wieder ein Zimmer braucht, mietet er von seiner Schwester Sabine ein Zimmer im Haus an. Welche Art von Besitz haben Emil Ehrlich und seine Schwester Sabine?

Wir schauen in Übersicht 3 nach.

Emil Ehrlich ist mittelbarer Besitzer des Hauses, seine Schwester Sabine ist unmittelbare Besitzerin (vgl. Fall 16). Emil Ehrlich ist hinsichtlich des angemieteten Zimmers im vermieteten Haus aber auch unmittelbarer Fremdbesitzer.

Leitsatz 6

Grundsätze der Besitzarten

- Der **mittelbare Besitzer** hat keine unmittelbare Sachherrschaft.
- Beschränkt sich der Besitz auf Teile eines Gebäudes, dann liegt **Teilbesitz** vor.
- Besitzen mehrere eine Sache gemeinsam, dann sind sie **Mitbesitzer**.
- Der Besitzer ist **Fremdbesitzer**, wenn er die Sache für einen anderen besitzt.

Besitzschutz

Der Besitzer wird vom BGB vor dem Entzug oder der Störung seines Besitzes durch Dritte, der verbotenen Eigenmacht gemäß § 858 I BGB, geschützt. Die entsprechenden Regeln finden sich in den §§ 859–860 BGB.

> ### Leitsatz 7
> **Definition der verbotenen Eigenmacht**
>
> Verbotene Eigenmacht ist der Entzug oder die Störung des **unmittelbaren** Besitzes **ohne** den Willen des Besitzers, es sei denn, das Gesetz erlaubt sie ausdrücklich. Die verbotene Eigenmacht setzt kein Handeln gegen den Willen des Besitzers voraus.

> ### Leitsatz 8
> **Abhilfemöglichkeiten bei verbotener Eigenmacht**
>
> Im Fall der verbotenen Eigenmacht hat der Besitzer drei Möglichkeiten:
> - **Selbsthilfe** gemäß § 859 BGB
> - **Herausgabeanspruch** gemäß § 861 BGB
> - Anspruch auf **Beseitigung** oder **Unterlassung** der Besitzstörung (862 I BGB)

Fall 20
Wie **Fall 15**. Emil Ehrlich sieht aber, dass Bruno Biber den neuen Krimi gerade einsteckt und entreißt ihm das Buch.

Emil Ehrlich darf Bruno Biber das Buch mit Gewalt wegnehmen; Bruno Biber hat den Besitz von Emil Ehrlich gestört, weil er diesem das Buch weggenommen hat. Weil Emil Ehrlich Bruno Biber auf frischer Tat ertappt hat, darf er auch Gewalt anwenden (§ 859 II BGB).

Fall 21
Wie **Fall 15**. Emil Ehrlich bemerkt aber nicht, dass Bruno Biber seinen Krimi eingesteckt hat. Bruno Biber steckt den Krimi in seine Jackentasche und macht sich auf den Heimweg. Unterwegs bemerkt er, wie ihm jemand

den Krimi aus der Jacke zieht und wegläuft. Bruno Biber will das Buch zurück, rennt dem Dieb nach, entreißt diesem das Buch und bringt den Dieb dadurch zu Fall.

Liegt eine zulässige Selbsthilfe durch Bruno Biber vor?

Überlegen Sie zunächst und lesen Sie § 859 II BGB!

▶ Bruno Biber ist unmittelbarer Besitzer des Krimis. Es kommt nicht darauf an, ob er berechtigter oder unberechtigter Besitzer ist!

▶ Er hat den Dieb außerdem auf frischer Tat ertappt und ihn verfolgt.

▶ Da der Dieb verbotene Eigenmacht ausgeübt hat, durfte Bruno Biber auch Gewalt anwenden.

Fall 22
Wie Fall 15. Emil Ehrlich bemerkt erst zwei Tage später, dass sein neuer Krimi weg ist. Er hat sofort Bruno Biber im Verdacht und geht zu diesem. Bruno Biber öffnet auf das Klingeln hin die Tür; den Krimi hält er in der Hand, weil er gerade beim Lesen war. Emil Ehrlich will ihm das Buch sofort wegnehmen, aber Bruno Biber wehrt sich. Schließlich schlägt Emil Ehrlich Bruno Biber kräftig auf die Hand, worauf dieser das Buch fallen lässt.

Liegt eine zulässige Selbsthilfe von Emil Ehrlich vor?

Wir lesen erneut § 859 II BGB. Voraussetzung für die erlaubte Selbsthilfe ist, dass der Besitzer den Täter entweder auf frischer Tat ertappt oder den Täter verfolgt. Keine dieser Voraussetzungen liegt hier vor, weil Emil Ehrlich die Tat erst nach zwei Tagen bemerkt.

Leitsatz 9

Selbsthilfe

Der Besitzer darf nach § 859 II BGB Selbsthilfe nur im **zeitlichen Zusammenhang** mit der verbotenen Eigenmacht ausüben.

Fall 23

Wie Fall 22. Emil Ehrlich bemerkt den Verlust seines Krimis erst zwei Tage, nachdem Bruno Biber ihn mitgenommen hat. Welche Ansprüche aus Besitz hat Emil Ehrlich gegen Bruno Biber?

Selbsthilfe ist nicht möglich, wie wir aus Fall 22 wissen. Wir schauen uns Leitsatz 8 an und prüfen den Herausgabeanspruch gemäß § 861 I BGB.

Verbotene Eigenmacht durch Bruno Biber liegt ganz zweifellos vor. Emil Ehrlich kann also von Bruno Biber die Herausgabe seines Krimis verlangen. Notfalls muss er diesen Anspruch gerichtlich durchsetzen. Gewaltsam darf er seinen Anspruch aber nicht durchsetzen!

Fall 24

Die Nachbarn von Bruno Biber feiern jedes Wochenende große Feste mit vielen Gästen und lauter Musik, so das Bruno Biber nicht mehr schlafen kann. Welche Ansprüche aus Besitz hat Bruno Biber gegen seine Nachbarn?

Wir ziehen wieder die Leitsatz 8 zu Rate und lesen § 862 I BGB.

Bruno Biber wird durch den Krach am Wochenende in seinem Besitz gestört, so dass er die Beseitigung der Störung nach § 862 I S. 1 BGB verlangen kann. Er kann also zu seinen Nachbarn gehen und verlangen, dass diese so leise sind, dass er nicht mehr gestört wird.

Weil die Feste ja bisher jedes Wochenende waren, steht im Fall 24 zu befürchten, dass das am nächsten Wochenende wieder von vorne losgeht. Bruno Biber kann also auch auf Unterlassung gemäß § 862 I, S. 2 BGB klagen.

Merke: *Ansprüche auf Herausgabe (861 BGB) und auf Beseitigung bzw. Unterlassung (§ 862 I BGB) können nur innerhalb eines Jahres nach der verbotenen Eigenmacht geltend gemacht werden (§ 864 I BGB).*

II. Eigentum an beweglichen Sachen

Lektion 4: Eigentumserwerb

Die Regeln über das Eigentum finden sich in Abschnitt 3 des 3. Buchs des BGB, in den §§ 903–1011 BGB.

Schauen Sie sich dies zunächst in der Inhaltsübersicht Ihrer Textausgabe des BGB an.

Auf den ersten Blick scheinen sich nur in den §§ 925–984 BGB, dem 3. Titel, Regeln über den Erwerb und den Verlust an beweglichen Sachen zu befinden. Bei genauerem Lesen der einzelne Vorschriften des 3. Abschnitts ist aber zu erkennen, dass außer im 2. Titel, der mit „Erwerb und Verlust des Eigentums an Grundstücken" überschrieben ist, alle anderen Titel auch Anwendung auf das Eigentum an beweglichen Sachen finden.

Begriff und Arten des Eigentums

Der Begriff des Eigentums ergibt sich aus § 903 BGB. Der Eigentümer einer Sache kann nach Belieben mit dieser verfahren, er kann also mit der Sache tun und lassen, was er will. Er kann außerdem jeden anderen von jeglicher Einwirkung auf sein Eigentum ausschließen.

Das Eigentum ist daher das stärkste Recht, das das BGB kennt; es ist ein absolutes Recht. Das Eigentumsrecht besteht nur an Sachen gemäß § 90 BGB, also insbesondere nicht an Rechten. Wir erinnern uns an Übersicht 1 und lesen noch einmal § 90 BGB nach.

Leitsatz 10

Eigentum

Eigentum gibt es an **beweglichen** und **unbeweglichen Sachen**, unabhängig von ihrem Aggregatszustand.

Aus § 903 BGB ergeben sich aber auch Grenzen für den Eigentümer: Er kann mit seinem Eigentum tun und lassen, was er will, aber nur, soweit nicht das Gesetz oder Rechte Dritter entgegenstehen. Es kann also Fälle geben, in denen das Eigentumsrecht eingeschränkt ist. Allerdings muss derjenige, der ein solches Recht, also eine Einschränkung des Eigentumsrechts, behauptet, dieses auch beweisen. Die Beschränkung des Eigentumsrechts nach § 903 BGB ist nämlich eine Ausnahme.

Der gesetzliche Normalfall des Eigentums ist das Alleineigentum. Das erkennen wir daran, dass in allen Vorschriften die Rede von „der Eigentümer" ist.

Wie Sie beim Studium der Inhaltsübersicht Ihrer Textausgabe des BGB schon gelesen haben, finden sich für das Miteigentum separate Regeln in den §§ 1008 – 1011. Gemäß § 1008 BGB ist für das BGB „Miteigentum" das Bruchteilseigentum.

Bruchteilseigentum bedeutet, dass jeder Miteigentümer einen rechnerischen Anteil (z.B. ½, ¼ usw.) am gemeinschaftlichen Eigentum hat. Über diesen Bruchteil kann der Bruchteilseigentümer frei verfügen; dieser Bruchteil kann von Gläubigern des Bruchteilseigentümers auch gepfändet werden.

Beachte: Der Miteigentümer kann nur über den Bruchteil frei verfügen, nicht dagegen über die Sache selbst.

Fall 25

Emil Ehrlich stellt am 24.12. mit Erschrecken fest, dass er vergessen hat, für seine drei Nichten ein Geschenk zu kaufen. Schnell packt er den Krimi, den er sich neulich gekauft und noch nicht gelesen hat, ein und schenkt ihn seinen drei Nichten zusammen zu Weihnachten. Welches Eigentumsverhältnis haben die Nichten an dem Krimi?

Emil Ehrlichs Nichten haben im Fall 25 jetzt gemäß § 1008 BGB Miteigentum in Form des Bruchteilseigentums zu je ⅓ an dem Krimi, weil sie ihn alle drei zusammen geschenkt bekommen haben.

Es gibt im ganzen BGB nur drei Fälle, in denen Eigentum weder Alleineigentum noch Bruchteilseigentum ist, nämlich bei der

- **BGB-Gesellschaft** gemäß § 719 BGB
- **Gütergemeinschaft** gemäß § 1419 BGB
- **Erbengemeinschaft** gemäß § 2032 BGB

Bei diesen drei Ausnahmefällen handelt es sich um Gesamthandseigentum. Zwar hat hier jedes Mitglied der Gesamthandsgemeinschaft einen rechnerischen Anteil am gesamten Sondervermögen, aber Eigentümer sind alle Mitglieder der Gesamthandsgemeinschaft zusammen.

Mit anderen Worten: Gesamthandseigentum ist ein ideeller Anteil am Gesamtgut und nicht ein Anteil an einem bestimmten Gegenstand.

Leitsatz 11

Eigentumsarten

Das BGB kennt als Normalfall das **Alleineigentum**. Daneben gibt es das **Miteigentum** nach § 1008 BGB. In drei Sonderfällen kennt das BGB auch das **Gesamthandseigentum**.

Eigentumserwerb vom Berechtigten

Die grundlegende Norm für den Eigentumserwerb vom Berechtigten ist § 929 S. 1 BGB (zuerst einmal lesen!)

Leitsatz 12

Eigentumserwerb von beweglichen Sachen

Eigentum an beweglichen Sachen erwirbt man durch **Einigung** mit dem Berechtigten und **Übergabe**.

Die Einigung ist ein formloser dinglicher Vertrag zwischen dem Veräußerer und dem Erwerber. Dieser Vertrag führt unmittelbar zur Veränderung der sachenrechtlichen Zuordnung. Dieser dingliche Vertrag muss daher gut vom zugrunde liegenden schuldrechtlichen Verpflichtungsgeschäft getrennt werden, z.B. dem Kaufvertrag (Trennungsprinzip!). Das schuldrechtliche Verpflichtungsgeschäft enthält nur die Verpflichtung, die sachenrechtliche Zuordnung zu ändern; es bewirkt diese Änderung aber noch nicht. Zu schuldrechtlichen Verpflichtungsgeschäften, wie z.B. dem Kaufvertrag, können Sie ausführlicher in dem Buch Schuldrecht BT – leicht gemacht® nachlesen.

Die Einigung muss sich wegen des Grundsatzes der Spezialität (vgl. Übersicht 1) auf genau bestimmte Sachen beziehen. Bei einer Mehrheit von Sachen, z.B. einem Warenlager, muss diese Mehrheit von Sachen in ihrem Bestand bestimmbar sein. Diese dingliche Einigung kann, weil sie formfrei ist, auch stillschweigend (konkludent) erklärt werden.

Wir erinnern uns an Fall 14 und die drei Verträge, die beim Kauf des Krimis zwischen Emil Ehrlich und der Buchhandlung Büchner geschlossen wurden:

▶ das Verpflichtungsgeschäft (nämlich der Kaufvertrag nach § 433 BGB)

▶ das dingliche Rechtsgeschäft (nämlich die Übereignung des Krimis, das ein Verfügungsgeschäft ist)

▶ das weitere Verfügungsgeschäft (nämlich die Übereignung des Kaufpreises)

Weil die Einigung ein Vertrag ist, finden auf sie die allgemeinen Regeln über die Rechtsgeschäfte nach den §§ 104 ff. BGB Anwendung, also auch die Regeln über die allgemeinen Geschäftsbedingungen gemäß §§ 305 ff. BGB.

Die Übergabe ist die Übertragung des unmittelbaren Besitzes. Das bedeutet, dass dem Erwerber die tatsächliche Sachherrschaft nach § 854 I BGB übertragen wird.

In Fall 14 liegt die Übertragung der Sachherrschaft in der Übergabe des Krimis durch den Buchhändler Büchner an Emil Ehrlich.

Die Übergabe ist – anders als die Einigung – kein Rechtsgeschäft sondern ein Realakt. Es müssen aber derjenige, der übergibt und derjenige, der empfängt, willentlich handeln. Im Fall 20, in dem Bruno Biber den Krimi von Emil Ehrlich einfach einsteckt, liegt somit auch keine Übergabe von Emil Ehrlich an Bruno Biber vor.

Fall 26

Emil Ehrlich erfährt, dass Bruno Biber im Krankenhaus liegt. Er möchte ihm daher seinen gerade neu gekauften Krimi schenken. Weil er aber keine Zeit hat, Bruno Biber zu besuchen, gibt er seiner Schwester Sabine den Krimi und bittet sie, diesen Bruno Biber zu bringen und ihm zu sagen, dass er ihm den Krimi schenke.

Einigung und Übergabe?

Eine unmittelbare Einigung zwischen Emil Ehrlich und Bruno Biber über den Eigentumsübergang des Krimis und eine unmittelbare Übergabe zwischen den beiden ist zweifellos nicht erfolgt.

§ 929 S. 1 BGB setzt aber auch nicht voraus, dass Einigung und Übergabe unmittelbar erfolgen müssen.

Im Fall 26 ist Sabine in Bezug auf die Einigung Vertreterin von Emil Ehrlich gemäß § 164 BGB. Weil die Übergabe aber ein Realakt ist, kann Sabine insoweit nicht Vertreterin gemäß §§ 164 ff. BGB sein. Sabine kann aber Besitzdienerin gemäß § 855 BGB oder Besitzmittlerin gemäß § 868 BGB sein.

Zum Besitzdiener und Besitzmittler jetzt als Exkurs der Leitsatz 13. Aber bitte lesen Sie zunächst einmal § 855 BGB und § 868 BGB.

Leitsatz 13

Besitzdiener und Besitzmittler

Nach § 855 BGB ist **Besitzdiener** derjenige, der

- ▶ die tatsächliche **Gewalt** über eine Sache
- ▶ für einen **anderen**
- ▶ in **dessen** Haushalt oder Erwerbsgeschäft hat
- ▶ und in Bezug auf diese Sache **weisungsgebunden** ist.

Nach § 868 BGB ist **Besitzmittler** derjenige, der eine Sache

- ▶ als Nießbraucher, Pfandgläubiger, Pächter, Verwahrer **hat**
- ▶ und aus diesem Rechtsverhältnis **zum Besitz** auf Zeit **berechtigt** ist.

Sabine wurde im Fall 26 durch die Übergabe des Krimis von Emil Ehrlich Besitzmittlerin, weil sie zum Besitz auf Zeit berechtigt war. Emil Ehrlich wollte seinen Besitz durch Übergabe des Krimis an Sabine endgültig aufgeben und Bruno Biber hat durch die Übergabe des Krimis an Sabine mittelbaren Besitz erhalten.

Im Fall 26 liegt also eine Einigung und Übergabe gemäß § 929 S. 1 BGB vor; das Eigentum am Krimi ist von Emil Ehrlich auf Bruno Biber übergegangen.

Fall 27

Wir erinnern uns an Fall 15. Bruno Biber hat den Krimi bei Emil Ehrlich gesehen und einfach eingesteckt. Emil Ehrlich bemerkt den Verlust seines Krimis und hat Bruno Biber im Verdacht. Als er aber erfährt, dass Bruno Biber im Krankenhaus liegt, sieht er darüber hinweg, dass Bruno Biber den Krimi einfach mitgenommen hat und beschließt, dass er Bruno Biber diesen Krimi schenkt. Dies teilt er Bruno Biber bei seinem Krankenbesuch auch mit.

Einigung und Übergabe?

Kein Problem bereitet die Einigung. Bruno Biber ist natürlich erfreut, dass er den Krimi geschenkt bekommt. Aber was ist mit der Übergabe? Emil Ehrlich kann den Krimi nicht übergeben, weil Bruno Biber ihn schon hat.

Lesen Sie § 929 S. 2 BGB: Wenn der Erwerber wie im Fall 27 schon im Besitz der Sache ist, dann genügt die Einigung über den Übergang des Eigentums. Bruno Biber ist also Eigentümer des Krimis geworden.

Fall 28

Buchhändler Büchner ist Eigentümer einer inzwischen vergriffenen und deshalb äußerst wertvollen Gesamtausgabe von Krimis des Lieblingsautors von Emil Ehrlich. Diese Gesamtausgabe liegt im Schaufenster, weil Büchner damit Werbung macht. Das Geschäft läuft aber trotzdem nicht gut, so dass Büchner einen Kredit benötigt. Die Bücherwurm-Bank ist bereit, ihm den erforderlichen Kredit zu gewähren, aber nur, wenn sie zur Sicherheit die Gesamtausgabe der Krimis übereignet bekommt. Die Bücherwurm-Bank ist einverstanden, dass Büchner die Gesamtausgabe weiter zu Werbezwecken im Schaufenster ausstellt.

Wie erwirbt die Bücherwurm-Bank Eigentum an der Gesamtausgabe der Krimis?

Nach § 930 BGB kann die Übergabe ersetzt werden

▶ wenn der Eigentümer im Besitz der Sache ist

▶ durch Vereinbarung eines Rechtsverhältnisses mit dem Erwerber

▶ durch das der Erwerber den mittelbaren Besitz erlangt

Das Rechtsverhältnis zwischen dem Eigentümer und dem Erwerber heißt Besitzkonstitut. Als Besitzkonstitut wird die Vereinbarung eines Besitzmittlungsverhältnisses über eine bewegliche Sache als Ersatz für die Übergabe bei der Übereignung bezeichnet. Ein Besitzkonstitut ist also ein schuldrechtlicher Vertrag mit einem Herausgabeanspruch.

Buchhändler Büchner ist im Fall 28 Eigentümer der Gesamtausgabe der Krimis; er ist auch Besitzer, weil sie in seinem Schaufenster stehen. Er vereinbart mit der Bücherwurm-Bank, dass diese das Eigentum an der Gesamtausgabe der Krimis zur Sicherung ihres Darlehensrückzahlungsanspruchs erhält. Da Büchner die Krimis in seinem Schaufenster stehen lässt, wird die Bücherwurm-Bank nur mittelbare Besitzerin der Krimis.

Es liegen also alle Voraussetzungen des § 930 BGB vor; die Bücherwurm-Bank hat im Fall 28 das Eigentum an der Gesamtausgabe der Krimis durch Vereinbarung eines Besitzkonstituts von Büchner erworben.

Fall 29

Emil Ehrlich hat seinen Lieblingskrimi seiner Schwester Sabine ausgeliehen, die ihn schon gelesen hat. Als Bruno Biber ins Krankenhaus kommt, teilt er diesem mit, dass er ihm diesen Krimi schenkt und ihn sich von Sabine geben lassen soll. Einigung und Übergabe?

Auch hier muss über die Einigung nicht weiter nachgedacht werden. Aber wie ist es mit der Übergabe?

Die Lösung von Fall 29 finden wir in § 931 BGB, den wir zunächst einmal lesen.

Danach gilt: Ist ein Dritter (im Fall 29 Sabine) im Besitz der Sache (des Krimis), so kann die Übergabe dadurch ersetzt werden, dass der Eigentümer (Emil Ehrlich) seinen Anspruch auf Herausgabe (des Krimis, den er Sabine nur geliehen hat) an den Erwerber (Bruno Biber) abtritt.

Indem Emil Ehrlich im Fall 29 Bruno Biber mitteilt, er solle sich den Krimi von Sabine geben lassen, tritt er konkludent seinen Herausgabeanspruch an Bruno Biber ab; Bruno Biber wird Eigentümer des Krimis.

Übersicht 4: Eigentumserwerb vom Berechtigten

Der Eigentumserwerb vom Berechtigten erfolgt durch:

▶ **Einigung und Übergabe**

aber genauer:

1. **Einigung** und

2. **eine** der folgenden **Varianten**:
   - Übergabe durch den **Veräußerer** selbst
   - Übergabe durch einen **Besitzdiener** oder Besitzmittler
   - Übergabe durch einen **Dritten auf Anweisung** des Veräußerers
   - **Einräumung** eines Besitzkonstitutes
   - **Abtretung** des Herausgabeanspruchs

Die Einräumung eines Besitzkonstitutes und die Abtretung des Herausgabeanspruchs sind sogenannte Übergabesurrogate; sie ersetzen die Übergabe.

Eigentumserwerb vom Nichtberechtigten

Der Eigentumserwerb vom Nichtberechtigten ist in den §§ 932 ff. BGB geregelt. Der BGH hat diese Voraussetzungen einmal sehr einfach umschrieben:

Lektion 4: Eigentumserwerb 37

„Voraussetzung für den gutgläubigen Erwerb des Eigentums an einer beweglichen Sache ist neben dem guten Glauben der auf dem Besitz ruhende Rechtsschein."

Der Eigentumserwerb vom Nichtberechtigten setzt also folgende Punkte voraus:

▶ Einigung und

▶ Übergabe (lesen Sie unbedingt in Übersicht 4 die Möglichkeiten der Übergabe nach!) und

▶ guter Glaube des Erwerbers

Eine Definition des Begriffs des „guten Glaubens" finden wir in § 932 II BGB. Danach ist der Erwerber nicht in gutem Glauben, also bösgläubig, wenn er positiv oder grob fahrlässig nicht weiß, dass die Sache nicht dem Veräußerer gehört.

Merke: *Der böse Glaube bezieht sich nur auf das Eigentum, nicht auf die Verfügungsmacht des Veräußerers.*

Es stellt sich dann die Frage, zu welchem Zeitpunkt der Erwerber bösgläubig sein muss.

▬ Fall 30
Bruno Biber schenkt den Krimi, den er in Fall 15 bei Emil Ehrlich ohne dessen Wissen mitgenommen hat, Emil Ehrlichs Schwester Sabine, mit der er befreundet ist, und erzählt ihr bei der Übergabe, dass er den Krimi einfach mitgenommen hat.

▬ Fall 31
Emil Ehrlich braucht dringend Geld. Schweren Herzens verkauft er Bruno Biber die Gesamtausgabe seiner Lieblingskrimis, die er über die Bücherwurm-Bank finanziert hat. Bruno Biber weiß nicht, dass Emil Ehrlich diese Gesamtausgabe der Bücherwurm-Bank sicherungsübereignet hat.

▬ Fall 32
Bruno Biber hat sich bei Emil Ehrlich einen Krimi ausgeliehen. Weil Emil Ehrlichs Schwester Sabine den auch lesen möchte, gibt Bruno Biber ihr

den Krimi mit. Nun will Bruno Biber seinem Neffen Norbert ein Geschenk machen und teilt diesem deshalb mit, er solle sich von Sabine den Krimi geben lassen; der gehöre dann ihm. Erst einige Tage, nachdem er den Krimi von Sabine bekommen hat, erfährt Norbert, dass der Krimi eigentlich Emil Ehrlich gehört.

> ## Leitsatz 14
> **Maßgeblicher Zeitpunkt für den guten Glauben**
>
> Der Erwerber muss beim Erwerb vom **Nichtberechtigten** gutgläubig sein
>
> ▶ beim Erwerb nach **§ 932 S. 1 BGB** beim letzten Teilakt von Einigung und Übergabe
> ▶ beim Erwerb durch **Einräumung eines Besitzkonstitutes** bei der Übergabe durch den Veräußerer
> ▶ beim Erwerb durch **Abtretung des Herausgabeanspruchs** beim Erwerb des Besitzes vom Dritten

Nun lassen sich die Fälle 30 bis 32 ganz einfach lösen:

Im Fall 30 ist Sabine zum Zeitpunkt der Übergabe des Krimis bösgläubig; sie kann also kein Eigentum erwerben, weil sie weiß, dass der Krimi nicht Bruno Biber gehört.

Im Fall 31 ist Bruno Biber gutgläubig; er erwirbt also Eigentum an den Krimis, weil er nichts von der Sicherungsübereignung weiß.

Im Fall 32 ist Norbert gutgläubig, als er den Besitz am Krimi erhält, als ihn Sabine nämlich an ihn übergibt. Dass er einige Tage später die Wahrheit erfährt, schadet nicht mehr, weil der Besitz schon übergegangen ist.

Fall 33
Wie Fall 30, aber Sabine weiß nicht, dass der Krimi eigentlich Emil Ehrlich und nicht Bruno Biber gehört.

Sabine ist nun gutgläubig, aber wegen § 935 BGB hilft ihr das gar nichts. Danach ist nämlich ein gutgläubiger Erwerb ausgeschlossen, wenn dem Eigentümer die Sache abhandengekommen ist.

Lesen Sie § 935 BGB! Danach ist eine Sache abhanden gekommen, wenn sie dem Eigentümer gestohlen wurde, verloren gegangen oder sonst abhanden gekommen ist. Es kommt entscheidend auf den Verlust des unmittelbaren Besitzes des Eigentümers oder Besitzmittlers an.

Leitsatz 15

Eigentumserwerb vom Nichtberechtigten

Liegen die Voraussetzungen der §§ 932–934 BGB vor und ist die Sache nicht nach § 935 BGB abhanden gekommen, wird der **Gutgläubige** Eigentümer.

Die Rechtsfolge daraus, dass der Gutgläubige Eigentümer wird, ist diejenige, dass der frühere Eigentümer sein Eigentum verliert.

Zum sehr prüfungsrelevanten Erwerb vom einem nicht dazu Berechtigten nun die Übersicht 5:

Übersicht 5: Eigentumserwerb vom Nichtberechtigten

Eigentumserwerb durch:

- Einigung und **Übergabe** (§§ 932 I S. 1, 929 S.1 BGB)
- Einigung und schon **früher** erfolgte Übergabe (§§ 932 I S. 1, 929 S. 2 BGB)
- Einigung, **Vereinbarung** eines Besitzmittlungsverhältnisses und Übergabe (§§ 933, 930 BGB)
- Einigung und **Abtretung** des Herausgabeanspruchs (§§ 934, 931 BGB)

Es sei denn:

- der Erwerber ist beim Erwerb **bösgläubig** (§ 932 II BGB)
- die Sache ist dem Eigentümer oder Besitzer **abhanden** gekommen (§ 935 I BGB)

Und nun gleich das systematische Prüfschema 1 zum Eigentumserwerb an beweglichen Sachen.

Prüfschema 1: Eigentumserwerb an beweglichen Sachen

Einigung + Übergabe?	▶ § 929 S. 1 BGB
Einigung + Besitz des Eigentümers + Besitzmittlungsverhältnis?	▶ §§ 929 S. 1, 930 BGB
Einigung + Besitz eines Dritten + Abtretung des Herausgabeanspruchs?	▶ §§ 929 S. 1, 931 BGB
Einigung + Übergabe + Besitz eines Nichtberechtigten + Gutgläubigkeit des Erwerbers + kein Abhandenkommen?	▶ §§ 929 S. 1, 932 BGB
Einigung + Besitzmittlungsverhältnis + Nichtberechtigter + Übergabe + Gutgläubigkeit + kein Abhandenkommen?	▶ §§ 929 S. 1, 930, 933 BGB
Einigung + Abtretung des Herausgabeanspruchs + Nichtberechtigter + Abtretung des Herausgabeanspruchs oder Besitzerlangung von einem Dritten + Gutgläubigkeit + kein Abhandenkommen?	▶ §§ 929 S. 1, 931, 934 BGB

Originärer (gesetzlicher) Eigentumserwerb

Von Bedeutung sind auch die weiteren Möglichkeiten des Eigentumserwerbs an beweglichen Sachen. Diese sind – wie vieles im Sachenrecht – einfach verständlich und nachvollziehbar. Es geht um allgemeinverständliche Formen wie Ersitzung, Vermischung oder Fund.

Daher hier nun gleich zur Übersicht 6, die Sie – wie alle Übersichten – gut studieren sollten.

Übersicht 6: Originärer Eigentumserwerb

Originärer (gesetzlicher) Eigentumserwerb:

Norm		Voraussetzung	Rechtsfolge
§ 937 BGB	**Ersitzung**	Gutgläubiger Eigenbesitz über 10 Jahre.	Eigentumserwerb
§ 946 BGB	**Verbindung mit einem Grundstück**	Bewegliche Sache wird wesentlicher Bestandteil eines Grundstücks.	Eigentum am Grundstück erstreckt sich auf diese Sache.
§ 947 BGB	**Verbindung mit beweglichen Sachen**	Mehrere bewegliche Sachen werden zu einer einheitlichen Sache.	Bisherige Eigentümer werden Miteigentümer an der neuen Sache.
§ 948 BGB	**Vermischung**	Mehrere bewegliche Sachen werden untrennbar vermischt.	Bisherige Eigentümer werden Miteigentümer an der neuen Sache.
§ 950 BGB	**Verarbeitung**	Aus mehreren beweglichen Sachen wird eine neue bewegliche Sache hergestellt.	Verarbeiter wird Eigentümer der neuen Sache.
§ 958 BGB	**Aneignung herrenloser beweglicher Sachen**	Eigenbesitz an einer herrenlosen Sache (Definition der herrenlosen Sache in § 959 BGB).	Eigentumserwerb
§ 973 BGB	**Fund**	Anzeige des Fundes bei der zuständigen Behörde.	Nach 6 Monaten Eigentumserwerb des Finders.

Lektion 5: Eigentumssicherung und Herausgabe

Eigentumsvorbehalt

Fall 34
Emil Ehrlich sieht beim Buchhändler Büchner einen neuen Krimi seines Lieblingsautors. Weil er seinen Geldbeutel vergessen hat, fragt er, ob er den Krimi mitnehmen und am nächsten Tag bezahlen darf. Weil Büchner Emil Ehrlich gut kennt, ist er damit einverstanden, allerdings will Büchner Eigentümer des Krimis bleiben, bis Emil Ehrlich auch wirklich bezahlt hat.

Wie geht das?

Wir erinnern uns an Lektion 1, in der wir die Grundsätze des Sachenrechts kennengelernt haben, insbesondere das Trennungsprinzip. Wir erinnern uns: Das Trennungsprinzip führt dazu, dass das Verpflichtungs- vom Verfügungsgeschäft rechtlich unabhängig ist.

Beim Eigentumsvorbehalt ist die schuldrechtliche Einigung über den Eigentumsvorbehalt und die dingliche, also sachenrechtliche, Einigung darüber, dass das Eigentum erst mit der vollständigen Kaufpreiszahlung übergeht, zu unterscheiden.

Die schuldrechtliche Norm zum Eigentumsvorbehalt finden wir in § 449 BGB. Diesen müssen wir zuerst einmal lesen! Danach liegt ein Eigentumsvorbehalt vor, wenn der Verkäufer einer beweglichen Sache sich das Eigentum bis zur vollständigen Kaufpreiszahlung vorbehält. Im Zweifel ist dann anzunehmen, dass das Eigentum unter der aufschiebenden Bedingung der vollständigen Kaufpreiszahlung übertragen wird.

Im Fall 34 vereinbaren Büchner und Emil Ehrlich somit schuldrechtlich im Kaufvertrag, dass das Eigentum am Krimi unter der aufschiebenden Bedingungen der Kaufpreiszahlung übergeht. Sachenrechtlich muss auch die dingliche Einigung so erfolgen, dass das Eigentum erst mit der Kaufpreiszahlung übergeht.

Im Fall 34 kann sich Büchner also vorbehalten, dass das Eigentum erst übergeht, wenn Emil Ehrlich auch bezahlt hat.

Normalerweise laufen die schuldrechtliche und die sachenrechtliche Einigung parallel.

Fall 35
Wie Fall 34; allerdings sagt Büchner zunächst nicht, dass er Eigentümer des Krimis bleiben will. Erst als er Emil Ehrlich den Krimi in die Hand gibt, erklärt er sich entsprechend. Bleibt Büchner Eigentümer des Krimis, bis Emil Ehrlich ihn bezahlt?

Fall 35 ist nun ein Fall, in dem im schuldrechtlichen Vertrag gerade kein Eigentumsvorbehalt vereinbart wurde, wohl aber sachenrechtlich.

Darauf, dass Büchner den schuldrechtlichen Kaufvertrag verletzt, kommt es nicht an, denn wir erinnern uns an Leitsatz 12: Eigentum erwirbt man durch Einigung und Übergabe.

Die Übergabe bereitet keine Schwierigkeiten, aber wie ist es mit der Einigung? Emil Ehrlich musste sich entscheiden, bevor er das Buch von Büchner entgegengenommen hat: Zwar hatte er nach dem schuldrechtlichen Kaufvertrag einen Anspruch auf die sofortige Übertragung des Eigentums, aber erwerben konnte er das Eigentum wegen der entsprechenden Erklärung von Büchner nur aufschiebend bedingt. Indem er das Buch trotz der Erklärung der aufschiebend bedingten Übereignung von Büchner entgegengenommen hat, hat er den Eigentumsvorbehalt akzeptiert.

Im Fall 35 bleibt Büchner also zunächst Eigentümer des Krimis.

Beachte: *Gemäß § 161 I S. 1 BGB ist in der Schwebezeit, also im Zeitraum zwischen der Übergabe/Lieferung unter Eigentumsvorbehalt und der vollständigen Kaufpreiszahlung, also dem Bedingungseintritt, jede weitere Verfügung über den Kaufgegenstand unwirksam.*

Was hier mit Emil Ehrlich und Büchner im Kleinen dargestellt wurde, hat in der Praxis im Warenverkehr zwischen Produzent / Importeur und Großhändler eine große Bedeutung. Praktisch alle Waren werden nur mit komplizierten – in allgemeinen Geschäftsbedingungen ausformulierten – Eigentumsvorbehalten geliefert. So haben die Produzenten im finanziellen Problemfall wieder Zugriff auf ihre gelieferten Waren.

Es gibt aber auch Fälle, in denen der Eigentumsvorbehalt praktisch ins Leere läuft, z.B. bei leicht verderblichen Waren, aber auch bei Einbaumöbeln, die kaum jemals wieder eine wirtschaftliche Verwertung durch den Eigentümer finden.

Sicherungseigentum

Und jetzt zur Schwester des Eigentumsvorbehalts, dem Sicherungseigentum. Dieses Instrument wird besonders von Kreditinstituten zur Sicherung ihrer Darlehen genutzt.

Fall 36

Wie Fall 28: Weil Emil Ehrlich nicht genug Geld hat, um sich die Gesamtausgabe seiner Lieblingskrimis zu kaufen, finanziert er den Kauf über die Bücherwurm-Bank, die im Gegenzug Eigentümerin der Krimis wird, bis Emil Ehrlich das Darlehen abbezahlt hat. Als Bruno Biber erfährt, dass die Bücherwurm-Bank Eigentümerin der inzwischen vergriffenen Gesamtausgabe ist, wendet er sich sofort an diese und will die Gesamtausgabe von ihr erwerben.

Darf die Bücherwurm-Bank die Gesamtausgabe an Bruno Biber übereignen?

Die Sicherungsübereignung hat den Zweck, dass eine Forderung des Kreditgebers gegen den Kreditnehmer gesichert wird.

Im Fall 36 ist Emil Ehrlich der Kreditnehmer. Er hat mit der Bücherwurm-Bank nicht nur einen Kreditvertrag abgeschlossen, sondern auch einen Sicherungsvertrag, damit die Bücherwurm-Bank Eigentümerin der Gesamtausgabe der Krimis sein kann, obwohl Emil Ehrlich sie zuhause bei sich hat und liest.

Exkurs Sicherungsvertrag: Der Sicherungsvertrag ist ein schuldrechtlicher Verpflichtungsvertrag im Sinne des § 311 I BGB und zugleich ein Treuhandvertrag. Im Sicherungsvertrag ist geregelt, wann der Sicherungsfall eintritt und wie im Sicherungsfall die Verwertung des Sicherungsgutes erfolgt. Eine Verletzung des Sicherungsvertrags führt zur Schadensersatzpflicht gemäß § 281 I S. 1 BGB.

Auch bei der Sicherungsübereignung müssen wir zwischen dem Schuldrecht und dem Sachenrecht unterscheiden: Sachenrechtlich muss eine Einigung und Übergabe nach § 930 BGB erfolgen.

Zur Wiederholung lesen wir noch einmal die Lösung von Fall 28.

Im Fall 36 ist es sachenrechtlich ganz einfach: Durch Einigung und Vereinbarung eines Besitzmittlungsverhältnisses nach § 930 BGB ist die Bücherwurm-Bank uneingeschränkte Eigentümerin der Gesamtausgabe der Krimis geworden. Sie ist allerdings nur mittelbare Besitzerin gemäß § 868 BGB.

Leitsatz 16

Sicherungseigentum

Das Sicherungseigentum ist **wirtschaftlich** gesehen ein **Pfandrecht**, wobei das Pfand jedoch nicht übergeben wird, sondern beim Sicherungsgeber (und Kreditnehmer) **im** unmittelbaren **Besitz** verbleibt.

Da ein solches besitzloses Pfandrecht an beweglichen Sachen im deutschen Recht eigentlich unzulässig ist, entwickelte die **Rechtsprechung** das Sicherungseigentum.

Zur Wiederholung der Besitzarten schauen wir noch einmal Übersicht 3 an und lesen Leitsatz 6 nach. Dann stellen wir fest, dass die Bücherwurm-Bank als mittelbare Besitzerin Eigenbesitzerin der Gesamtausgabe der Krimis ist.

Dass die Gesamtausgabe der Krimis aus vielen Einzelbänden besteht, ist unerheblich. Zwar kann man grundsätzlich nur ganz bestimmte Einzelsachen übereignen, aber wir erinnern uns an Lektion 4. Dort haben wir erfahren, dass eine Mehrheit von Sachen übereignet werden kann, wenn sie bestimmbar ist. Eine Gesamtausgabe Krimis eines bestimmten Autors ist zweifelsohne bestimmbar.

Wir erinnern uns: Weil die Bücherwurm-Bank nur mittelbare Besitzerin ist, käme hier ein Eigentumsübergang durch Abtretung des Herausgabeanspruch gemäß § 931 BGB in Betracht.

Dem steht aber entgegen, dass es schuldrechtlich den Sicherungsvertrag zwischen Emil Ehrlich und der Bücherwurm-Bank gibt. In diesem ist geregelt, dass die Bücherwurm-Bank das Eigentum eben nur zur Sicherheit hat und unter welchen Voraussetzungen sie diese Sicherheit verwerten darf.

Solange Emil Ehrlich pünktlich seine Raten bezahlt, darf die Bücherwurm-Bank daher im Fall 36 aufgrund dieses Sicherungsvertrages die Gesamtausgabe nicht an Bruno Biber übereignen.

Leitsatz 17

Unterschied von Eigentumsvorbehalt und Sicherungseigentum

Der Eigentumsvorbehalt sichert den **Kaufpreisanspruch** des vorleistenden Verkäufers, während das Sicherungseigentum den **Darlehensanspruch** des Kreditgebers sichert.

Übersicht 7: Eigentumsvorbehalt und Sicherungseigentum

	Eigentumsvorbehalt	Sicherungsübereignung
schuldrechtlich	§ 449 BGB	Sicherungsvertrag
sachenrechtlich	Übereignung nach §§ 929 S.1, 158 I BGB unter der aufschiebenden Bedingung der vollständigen Kaufpreiszahlung	Einigung und Übergabe nach § 930 BGB

Herausgabeanspruch des Eigentümers

Die maßgeblichen Vorschriften für den Herausgabeanspruch des Eigentümers gegen den Besitzer finden wir

▶ in den §§ 985 und 986 BGB

die wir zunächst einmal lesen.

Leitsatz 18

Grundlage des Herausgabeanspruchs

Nach § 985 BGB kann der Eigentümer vom Besitzer die Herausgabe verlangen, wenn **nicht der Besitzer** gemäß § 986 BGB dem Eigentümer gegenüber zum Besitz berechtigt ist.

Wenn wir die beiden Vorschriften richtig lesen, stellen wir fest, dass in § 985 BGB die gesetzliche Regel normiert ist, in § 986 BGB die Ausnahme.

Als Exkurs an dieser Stelle die Übersicht 8 über die weiteren Anspruchsgrundlagen für die Herausgabe.

Übersicht 8: Herausgabe neben § 985 BGB

Weitere Anspruchsgrundlagen für die Herausgabe (neben § 985 BGB)

§ 546 BGB	Rückgabepflicht des Mieters nach Ende der Mietzeit
§ 667 BGB	Herausgabepflicht im Auftragsverhältnis
§ 681 S. 1 BGB	Herausgabepflicht bei berechtigter Geschäftsführung ohne Auftrag
§ 812 I S. 1 BGB	Herausgabepflicht bei ungerechtfertigter Bereicherung
§ 861 BGB	Anspruch wegen Besitzentziehung (verbotene Eigenmacht)
§ 1007 BGB	Herausgabeanspruch des früheren Besitzers
§ 2018 BGB	Herausgabepflicht des Erbschaftsbesitzers

Fall 37

Emil Ehrlich hat sich einen gerade neu erschienen Krimi von seinem Lieblingsautor gekauft und zuhause auf den Wohnzimmertisch gelegt.

Bruno Biber sieht diesen Krimi bei einem Besuch und nimmt ihn einfach mit, weil er ihn auch noch nicht kennt. Emil Ehrlich bemerkt erst zwei Tage später, dass sein neuer Krimi weg ist. Er hat sofort Bruno Biber im Verdacht und geht zu diesem und verlangt seinen Krimi heraus. Bruno Biber verweist darauf, dass er jetzt der Besitzer ist und verweigert die Herausgabe.

Kann Emil Ehrlich den Krimi herausverlangen?

Wir erinnern uns an unseren Leitsatz 18. Emil Ehrlich kann den Krimi gemäß § 985 BGB herausverlangen, wenn Bruno Biber kein Recht zum Besitz gemäß § 986 BGB hat.

Da Bruno Biber im Fall 36 kein Recht zum Besitz hat – er hat ihn Emil Ehrlich einfach weggenommen –, muss er den Krimi wieder an Emil Ehrlich herausgeben.

Fall 38

Emil Ehrlich hat seiner Schwester Sabine sein Haus für drei Jahre fest vermietet. Als er die Stelle wechselt, will er wieder in sein Haus einziehen und verlangt von Sabine, dass sie auszieht. Die beruft sich aber auf ihren Mietvertrag. Kann Emil Ehrlich sein Haus von Sabine herausverlangen?

Emil Ehrlich kann das Haus gemäß § 985 BGB herausverlangen, wenn nicht Sabine ein Recht zum Besitz gemäß § 986 BGB hat.

Im Fall 38 hat Sabine hat nach § 535 BGB aus dem Mietvertrag ein Recht zum Besitz während der Dauer des Mietverhältnisses. Sind die drei Jahre, für die sie das Haus gemietet hat, noch nicht abgelaufen, hat sie also eine Einwendung gemäß § 986 BGB; Emil Ehrlich kann das Haus nicht herausverlangen.

Fall 39

Emil Ehrlich hat seiner Schwester Sabine erlaubt, in seinem Haus zu wohnen, so lange er es nicht für sich selbst braucht. Emil Ehrlich lebt und arbeitet im Ausland. Erst nach 20 Jahren, als er in den Ruhestand geht, kommt er zurück und verlangt von Sabine sein Haus heraus. Sabine meint, nach so langer Zeit hätte sie auf Dauer ein Recht zum Besitz und verweigert die Herausgabe.

Zu Recht?

Nach der Absprache zwischen Emil Ehrlich und seiner Schwester Sabine hatte diese so lange ein Recht zum Besitz, wie Emil Ehrlich sein Haus nicht selbst gebraucht hat. Nachdem er es jetzt für sich beansprucht, ist Sabines Recht zum Besitz entfallen.

In Fall 39 ist der Anspruch von Emil Ehrlich auch nicht verjährt; die Verjährung beträgt nach § 197 I Nr. 2 BGB 30 Jahre. Sabine kann sich auch nicht darauf berufen, dass der Herausgabeanspruch von Emil Ehrlich nach § 242 BGB verwirkt ist.

Lektion 6: Eigentümer-Besitzer-Verhältnis

Die Vorschriften zum Eigentümer-Besitzer-Verhältnis (kurz EBV genannt), finden wir in den §§ 985–1007 BGB.

Das EBV regelt das sachenrechtliche Rechtsverhältnis zwischen dem unberechtigten Besitzer und dem Eigentümer. Es gilt nicht nur für die Ansprüche des Eigentümers gegen den Besitzer, sondern auch für diejenigen des Besitzers gegen den Eigentümer, also für die Gegenansprüche des Besitzers.

Ein EBV liegt nur dann vor, wenn eine Vindikationslage besteht. Vindikationslage bedeutet, dass eine Partei Eigentümer eines bestimmten Gegenstandes ist und die andere Partei Besitzer der Sache ist, aber kein Recht zum Besitz hat.

Tipp: Prüfen Sie in einer Klausur immer als Erstes, ob überhaupt eine Vindikationslage vorliegt. Fehlt es an einer Vindikationslage, kann es überhaupt keine Ansprüche aus dem EBV geben. Als Nächstes prüfen Sie dann, ob der Besitzer ein Recht zum Besitz hat. Hat er ein Recht zum Besitz, gibt es keine Ansprüche aus dem EBV!

Hat der Besitzer kein Recht zum Besitz, dann ist er unrechtmäßiger Besitzer und es können Ansprüche aus dem EBV bestehen. Das Recht zum Besitz ergibt sich meistens aus schuldrechtlichen Verträgen mit dem Eigentümer.

Liegt eine Vindikationslage vor, und der Besitzer ist nicht zum Besitz berechtigt, dann hat der Eigentümer gegen den nicht zum Besitz Berechtigten einen Herausgabeanspruch gemäß § 985 BGB. Der Besitzer kann dagegen Ansprüche auf Ersatz seiner Verwendungen haben.

Leitsatz 19

Definition des Eigentümer-Besitzer-Verhältnisses

Ein Eigentümer-Besitzer-Verhältnis (**EBV**) liegt vor, wenn der **Eigentümer** seinen **Herausgabeanspruch** gemäß § 985 BGB gegenüber dem **unredlichen Besitzer**, der also kein Recht zum Besitz hat, geltend macht.

Weil das jetzt alles so abstrakt ist, zur Verdeutlichung ein paar Fälle.

Fall 40
Emil Ehrlich ist Eigentümer einer Streuobstwiese, die er Bruno Biber für die Dauer seines beruflichen Auslandsaufenthaltes verpachtet hat. Als er in den Ruhestand geht und nach Deutschland zurückkommt, kündigt er den Pachtvertrag fristgerecht. Bruno Biber gibt das Grundstück aber nach Ende der Pachtzeit nicht heraus und bezahlt auch keine Pacht mehr. Er erntet aber munter alles Obst weiter. Einen Teil lagert er ein, den Rest verzehrt er.

Welche Ansprüche hat Emil Ehrlich aus dem Eigentümer-Besitzer-Verhältnis?

Fall 41
Wie Fall 40. Wie wäre es, wenn Bruno Biber die Pacht aber auch nach dem Ende der Pachtzeit weiter bezahlt und sich im Übrigen wie in Fall 40 verhält?

Bruno Biber weiß genau, dass er kein Recht mehr zum Besitz der Streuobstwiese hat. Bruno Biber ist damit nicht im gutem Glauben hinsichtlich seines Besitzrechts sondern bösgläubig. Es ist damit § 990 I BGB (lesen!) anzuwenden. Bruno Biber haftet gemäß §§ 987, 989 BGB (auch lesen!) auf Herausgabe der Nutzungen und/oder Schadensersatz.

Im Fall 41 muss Bruno Biber also nach § 987 I BGB das von ihm geerntete Obst an Emil Ehrlich herausgeben. Es liegt die für § 987 I BGB erforderliche Vindikationslage vor. Emil Ehrlich ist Eigentümer der Streuobstwiese und Bruno Biber hat im Fall 40 nach Ablauf der Pachtzeit kein Recht mehr zum Besitz der Streuobstwiese.

Emil Ehrlich ist nach § 953 BGB Eigentümer des Obstes; Bruno Biber muss also das Obst herausgeben. Soweit Bruno Biber im Fall 40 das Obst eingelagert hat, ist die Herausgabe problemlos möglich. Für das verzehrte Obst muss er Schadensersatz leisten.

Im Fall 41 hat Emil Ehrlich dieselben Ansprüche aus dem Eigentümer-Besitzer-Verhältnis wie in Fall 40. Wie wir jetzt schnell feststellen, besteht immer noch eine Vindikationslage, weil Bruno Biber trotz der weiteren Pachtzahlung kein Recht mehr zum Besitz hat.

Bruno Biber muss also auch im Fall 41 nicht nur das eingelagerte Obst herausgeben, sondern auch noch Schadensersatz für das verzehrte Obst leisten.

Leitsatz 20

Bösgläubigkeit des Besitzers

Nach § 990 BGB führt die **Kenntnis** des fehlenden Rechts zum Besitz genau so zur Bösgläubigkeit wie die Rechtshängigkeit einer **Klage**.

Fall 42
Wie Fall 40. Bruno Biber gibt nach Ablauf der Pachtzeit das Grundstück nicht heraus, hat aber auch keine Lust mehr, etwas zu ernten und lässt einfach alles Obst verfaulen. Welche Ansprüche hat Emil Ehrlich jetzt?

Fall 43
Wie Fall 42. Ändert sich das Ergebnis, wenn Bruno Biber nur deshalb nichts erntet, weil er nach einem Unfall im Krankenhaus liegt und niemanden kennt, der die Ernte übernehmen könnte?

Im Fall 43 ist Bruno Biber nach § 987 II BGB, den wir zunächst einmal lesen, zum Ersatz der Nutzungen verpflichtet. Zur ordnungsgemäßen Wirtschaft hätte es gehört, das Obst zu ernten, also die entsprechenden Nutzungen zu ziehen. Bruno Biber handelt auch schuldhaft.

Zur Frage des Verschuldens lesen wir § 276 BGB.

Exkurs: *Verschulden nach § 276 BGB*
Der Schuldner hat nach § 276 BGB Vorsatz und Fahrlässigkeit zu vertreten; er muss also für vorsätzliches und fahrlässiges Verhalten einstehen. Für den Vorsatz gibt es keine Legaldefinition im Gesetz. Er wird definiert als das Wissen und Wollen des rechtswidrigen Erfolgs. Die Legaldefinition der Fahrlässigkeit finden wir dagegen in § 276 II BGB. Fahrlässigkeit bedeutet, dass man die im Verkehr erforderliche Sorgfalt außer Acht lässt. Das bedeutet, dass der von der Rechtsordnung missbilligte Erfolg bei Beachtung der erforderlichen Sorgfalt sowohl vorhersehbar als auch vermeidbar war.

Wir stellen fest, dass „Unlust" rechtlich nicht zum Fehlen des Verschuldens führt; im Gegenteil: „Unlust" ist im Fall 42 ein vorwerfbares Verhalten, so dass Bruno Biber Ersatz für das verfaulte Obst leisten muss.

Im Fall 43 muss Bruno Biber keinen Nutzungsersatz nach § 987 II BGB leisten, wenn er das Obst nicht ernten kann, weil er im Krankenhaus liegt und niemanden kennt, der die Ernte übernehmen könnte. Hier liegt jetzt kein Verschulden bei Bruno Biber vor.

Fall 44
Wie Fall 40. Bruno Biber erntet das Obst nicht nur, sondern verkauft es auch an Buchhändler Büchner, der nichts von der Kündigung des Pachtvertrages weiß. Welche Ansprüche und gegen wen hat Emil Ehrlich aus dem Eigentümer-Besitzer-Verhältnis?

Emil Ehrlich hat im Fall 44 gegen Bruno Biber wiederum einen Anspruch aus § 987 I BGB. Da Bruno Biber das Obst verkauft hat, muss er den von Büchner für das Obst bezahlten Kaufpreises gemäß § 816 I BGB herausgeben.

Das ergibt sich aus Folgendem: Bruno Biber hat als Nichtberechtigter über das im Eigentum von Emil Ehrlich stehende Obst verfügt. Diese Verfügung war gemäß § 935 BGB zunächst nicht wirksam. Das Herausgabeverlangen von Emil Ehrlich gegen Bruno Biber hinsichtlich des Verkaufserlöses ist als Genehmigung der Verfügung von Bruno Biber gegenüber Büchner gemäß § 185 II S. 1 BGB anzusehen so dass sich der Herausgabeanspruch aus § 816 I BGB ergibt.

Gegen Buchhändler Büchner hat Emil Ehrlich keinen Anspruch; dieser hat gutgläubig vom Nichtberechtigten gemäß §§ 932 I S. 1, 929 S. 1 BGB Eigentum am Obst erworben.

Zur Wiederholung schauen wir uns dazu die Übersicht 5 noch einmal an.

Wir fassen jetzt die Ansprüche des Eigentümers gegen den Besitzer, die wir in den Fällen 40 – 44 kennengelernt haben zusammen und ergänzen Sie um die Ansprüche des Besitzers gegen den Eigentümer.

Übersicht 9: Eigentümer-Besitzer-Verhältnis

Ansprüche aus dem Eigentümer-Besitzer-Verhältnis

Anspruchs-berechtigter	Anspruchs-gegner	Anspruchs-grundlage	Inhalt des Anspruchs
Eigentümer	Besitzer	§§ 987, 988, 990 BGB	**Herausgabe** der Nutzungen oder Nutzungsersatz
Eigentümer	Besitzer	§§ 989, 990 BGB	**Schadensersatz**, wenn der Besitzer die Sache nicht mehr im ursprünglichen Zustand herausgeben kann.
Besitzer	Eigentümer	§§ 994, 995, 996 BGB	**Ersatz** notwendiger oder nützlicher Verwendungen
Besitzer	Eigentümer	§ 997 BGB	**Wegnahmerecht**, wenn durch Verbindung die Sache wesentlicher Bestandteil wurde.

Und damit wir uns die Ansprüche des Besitzers gegen den Eigentümer besser vorstellen und merken können, gleich wieder ein paar Fälle:

Fall 45
Wie Fall 40. Bruno Biber ist geschäftstüchtig. Er stellt die Streuobstwiese regelmäßig gegen Entgelt Eltern zur Verfügung, die dort Kindergeburtstage veranstalten. Kann Emil Ehrlich von Bruno Biber das Geld, das er für die Kindergeburtstage bekommt, herausverlangen?

Als Anspruchsgrundlage käme hier § 987 I BGB in Betracht. Dann müsste das Geld für die Kindergeburtstage eine Nutzung des Grundstücks sein. Wir erinnern uns an Lektion 2 und daran, dass die „Nutzungen" in § 100 BGB definiert sind. Nutzungen sind die Früchte einer Sache, z.B. die Möglichkeit, eine Sache zu nutzen.

Im Fall 45 muss Bruno Biber also auch das Entgelt, das er für Überlassung der Nutzung der Streuobstwiese für Kindergeburtstage bekommt, an Emil Ehrlich nach § 987 I BGB herausgeben.

■ Fall 46
Wie Fall 35. Bruno Biber beschließt aber, nachdem die Pachtzeit schon abgelaufen ist, sich einen Traum zu erfüllen und eine Grillstelle anzulegen. Dazu fällt er zunächst einmal zwei Obstbäume. Welche Ansprüche hat Emil Ehrlich gegen Bruno Biber?

Bruno Biber ist nach der fristgerechten Kündigung des Pachtvertrages und dem Ende der Pachtzeit nicht mehr zum Besitz berechtigt, was er auch weiß. Er ist also bösgläubig, wie wir aus Leitsatz 20 wissen.

Für die Lösung von Fall 46 schauen wir uns noch einmal die Übersicht 9 an. Der Eigentümer hat gegen den Besitzer einen Schadensersatzanspruch nach §§ 989, 990 BGB, wenn der Besitzer die Sache nicht mehr im ursprünglichen Zustand herausgeben kann.

Bruno Biber kann die Streuobstwiese im Fall 46 jetzt nicht mehr in dem Zustand herausgeben, in dem sie ursprünglich war, weil er zwei Bäume gefällt hat. Die Fällung der Bäume war auch schuldhaft gemäß § 276 BGB, so dass Emil Ehrlich von Bruno Biber Schadensersatz gemäß § 989 BGB verlangen kann.

■ Fall 47
Emil Ehrlich ist Eigentümer einer Streuobstwiese, die er Bruno Biber für die Dauer seines beruflichen Auslandsaufenthaltes verpachtet hat. Als er in den Ruhestand geht und nach Deutschland zurückkommt, kündigt er den Pachtvertrag fristgerecht. Die Streuobstwiese ist der ganze Stolz von Bruno Biber. Er hegt und pflegt jeden Baum und pflanzt sogar in eine schon seit 15 Jahren bestehende Lücke einen neuen Baum, obwohl ihm die Kündigung schon zugegangen ist; allerdings ist die Pachtzeit noch nicht zu Ende. Auch veranlasst er den turnusmäßig fälligen Schnitt der Bäume, durch den der Ertrag erhalten bzw. gesteigert wird und bezahlt den Baumschnitt. Zudem bezahlt er die fällige Grundsteuer.

Als Emil Ehrlich dann nach Ende der Pachtzeit die Streuobstwiese heraus verlangt, will Bruno Biber Ersatz für den neuen Baum, das Schneiden der Bäume und die bezahlte Grundsteuer haben. Zu Recht?

Fall 48

Wie Fall 47, allerdings pflanzt Bruno Biber den Baum, veranlasst den Baumschnitt und bezahlt die Grundsteuer, nachdem die Pachtzeit schon abgelaufen ist.

Wir erinnern uns, dass es auch Ansprüche des Besitzers gegen den Eigentümer geben kann und ziehen die Übersicht 8 zu Rate.

Im Fall 47 könnte Bruno Biber einen Anspruch auf Ersatz von notwendigen Verwendungen nach § 994 I BGB oder auf Ersatz nützlicher Verwendungen nach § 996 BGB haben.

Zunächst einmal lesen wir die §§ 994–996 BGB und stellen fest, dass hier verschiedene Fallgruppen geregelt und zu unterscheiden sind, nämlich

▶ notwendige und nützliche Verwendungen

▶ gutgläubiger und bösgläubiger Besitzer

Wir prüfen zunächst, ob Bruno Biber gutgläubiger oder bösgläubiger Besitzer ist und stellen fest, dass er im Fall 47 gutgläubiger Besitzer ist; die Pachtzeit war noch nicht abgelaufen. Im Fall 46 ist er dagegen bösgläubiger Besitzer. Bruno Biber weiß, dass die Pachtzeit abgelaufen ist und er deshalb kein Recht zum Besitz mehr hat.

Nun stellt sich die Frage, ob es sich bei den Verwendungen um notwendige oder nützliche Verwendungen handelt.

Notwendige Verwendungen dienen dem Erhalt oder der wirtschaftlichen Nutzbarkeit der Sache und sind objektiv erforderlich, nützliche Verwendungen sind solche, die den Wert der Sache oder deren wirtschaftliche Nutzbarkeit steigern, sind daher werterhöhend.

Wir stellen also fest:

▶ Der Ersatz des seit 15 Jahren fehlenden Baumes ist keine notwendige Verwendung; zur wirtschaftlichen Nutzbarkeit der Streuobstwiese ist der Baum nicht objektiv erforderlich. Es ist aber eine nützliche, weil die wirtschaftliche Nutzbarkeit steigernde, Verwendung.

Lektion 6: Eigentümer-Besitzer-Verhältnis

▶ Die Bezahlung der Grundsteuer ist dagegen nach §§ 995, 994 I BGB eine notwendige Verwendung.

▶ Das Schneiden der Bäume im Fall 46 ist nach dem Sachverhalt eine notwendige Verwendung, weil es turnusmäßig erfolgt und zum Erhalt des Ertrages der Bäume erforderlich ist.

Im Fall 47 kann Bruno Biber demnach auf jeden Fall Ersatz für das Schneiden der Bäume und die bezahlte Grundsteuer nach §§ 994 I, 995 BGB verlangen.

Im Fall 48 kann Bruno Biber jedoch Ersatz gemäß § 994 II BGB nur nach den Vorschriften über die Geschäftsführung ohne Auftrag (GoA) erhalten. Die Pachtzeit war ja schon abgelaufen. Die GoA dürfte Ihnen aus dem Schuldrecht bekannt sein. Ansonsten bitte nachlesen z.B. in: Schuldrecht AT – *leicht gemacht*®.

> **Leitsatz 21**
>
> **Ersatz notwendiger Verwendungen**
>
> Der **gutgläubige** Besitzer hat nach § 994 I S. 1 BGB **Anspruch** auf Ersatz seiner **notwendigen** Verwendungen. Der **bösgläubige** Besitzer kann seine notwenigen Verwendungen gemäß § 994 II BGB nach den Vorschriften über die Geschäftsführung ohne Auftrag ersetzt bekommen.

Wie sieht es nun mit Ersatz für die nützliche Verwendung in Form des neu gepflanzten Baumes aus? Hier ist jetzt § 996 BGB einschlägig, den wir zunächst einmal lesen.

Nun müssen wir klären, ob Bruno Biber ein gutgläubiger Besitzer ist. Im Fall 47 ist Bruno Biber ein gutgläubiger Besitzer. Zum Zeitpunkt, als er die Verwendungen macht, ist er zum Besitz berechtigt, weil die Pachtzeit noch nicht abgelaufen ist.

Im Fall 47 kann Bruno Biber deshalb, weil er berechtigter und gutgläubiger Besitzer ist, auch Ersatz seiner nützlichen Verwendung in Form des Pflanzens eines neuen Baumes verlangen. Im Fall 47 kommt es somit, weil Bruno Biber gutgläubig ist, also auch nicht darauf an, ob das Schneiden der Bäume eine notwendige oder eine nützliche Verwendung ist.

Leitsatz 22

Ersatz nützlicher Verwendungen

Der **gutgläubige** Besitzer hat nach § 996 BGB **Anspruch** auf Ersatz seiner **nützlichen** Verwendungen.

Übersicht 10: Verwendungsersatz

Verwendung	Verwendungsersatz beim **gutgläubigen** Besitzer	Verwendungsersatz beim **bösgläubigen** Besitzer
notwendig	ja, nach §§ 994 I, 995 BGB	ja, nach §§ 994 I, 995 BGB
nützlich	ja, nach § 996 BGB	nein

Von weiterer Bedeutung ist hier das Zurückbehaltungsrecht des Besitzers nach § 1000 BGB. Dem Besitzer steht ein Zurückbehaltungsrecht zu, wenn er Verwendungen auf die Sache getätigt hat, die der Eigentümer ersetzen muss. Er kann hier also die Herausgabe verweigern. Dieses Recht steht im allerdings nicht zu, wenn er die Sache durch eine vorsätzlich begangene unerlaubte Handlung erlangt hat. Das wäre ja auch noch schöner, wenn der Dieb in solchen Fällen ein Zurückbehaltungsrecht gegenüber dem richtigen Eigentümer hätte.

Nun noch zur Einordnung des Eigentümer-Besitzer-Verhältnisses. Das EBV (§§ 985 – 1007 BGB) regelt die Ansprüche aus der Vindikationslage abschließend. Neben den dort geregelten Ansprüchen können nur noch Ansprüche aus der aus der Geschäftsführung ohne Auftrag (GoA) oder Ansprüche aus § 816 BGB (Verfügung eines Nichtberechtigten) geltend gemacht werden.

Leitsatz 23

Ansprüche beim EBV

Das EBV regelt die Ansprüche aus der Vindikationslage **abschließend** (kleine Ausnahmen: GoA + § 816 BGB).

Prüfschema 2: Eigentümer-Besitzer-Verhältnis (EBV)

1. **Liegt eine Vindikationslage vor?**

    a) Der Eigentümer ist nicht Besitzer?

    b) Der Besitzer hat kein Recht zum Besitz?

    a) und/oder b) (–) ➞ kein EBV

    a) + b) (+) ➞ EBV, weiter mit 2.

2. **Gegenseitige Ansprüche**

    A. Ansprüche des Eigentümers gegen den Besitzer

    - **Herausgabeanspruch** nach § 985 BGB

    - Anspruch auf **Nutzungsersatz** nach § 987 ff. BGB

    - **Schadensersatz**anspruch nach § 989 f. BGB

    B. Ansprüche des Besitzers gegen den Eigentümer

    - **Zurückbehaltungsrecht** nach § 1000 BGB

    - Anspruch auf **Verwendungsersatz** nach §§ 994 ff. BGB

    - **Wegnahmerecht** von wesentl. Bestandteilen nach § 997 BGB

Lektion 7: Beseitigungs- und Unterlassungsanspruch

Der Beseitigungs- und Unterlassungsanspruch des Eigentümers ist in § 1004 BGB geregelt.

Für den Beseitigungsanspruch lesen wir zunächst § 1004 I S. 1 BGB und stellen fest, dass dieser Anspruch drei Voraussetzungen hat:

▶ Es muss Eigentum vorliegen.

▶ Es darf keine Eigentumsbeeinträchtigung durch Entziehung oder Vorenthaltung des Besitzes vorliegen (Störung) und keine Duldungspflicht des Eigentümers bestehen.

▶ Die Beeinträchtigung darf noch nicht beendet sein.

Leitsatz 24

Beseitigungsanspruch

Gemäß § 1004 I S. 1 BGB kann der Eigentümer vom Störer die **Beseitigung der Beeinträchtigung** verlangen.

Wenn noch weitere Beeinträchtigungen zu befürchten sind, gewährt § 1004 I S. 2 BGB, den wir jetzt auch lesen, einen Unterlassungsanspruch.

Auch dieser Anspruch hat wiederum drei Voraussetzungen:

▶ Es muss Eigentum vorliegen.

▶ Es muss eine Eigentumsstörung durch einen Dritten und keine Duldungspflicht des Eigentümers bestehen.

▶ Es besteht eine Wiederholungsgefahr hinsichtlich der Beeinträchtigung.

Leitsatz 25

Unterlassungsanspruch

Gemäß § 1004 I S. 2 BGB kann der Eigentümer vom Störer das Unterlassen **zukünftiger** Beeinträchtigung verlangen.

In § 1004 II BGB ist dann eigentlich eine Selbstverständlichkeit geregelt, nämlich dass natürlich kein Beseitigungs- oder Unterlassungsanspruch besteht, wenn der Eigentümer zur Duldung der Beeinträchtigung verpflichtet ist.

§ 1004 BGB spricht vom Störer. Wir unterscheiden zwischen dem Handlungs- und dem Zustandsstörer. Daneben gibt es noch Naturgewalten, die nicht zurechenbar sind.

Leitsatz 26

Störer gemäß § 1004 BGB

Handlungsstörer	=	unmittelbarer Störer	=	Stören durch aktives Tun oder pflichtwidriges Unterlassen
Zustandsstörer	=	mittelbarer Störer	=	Störer durch eine störende Anlage

Fall 49

Emil Ehrlich hat sein Haus mit großem Garten an Bruno Biber verpachtet. Dieser mäht regelmäßig am Sonntagmorgen mit einem Motormäher den Rasen, was die Nachbarn erbost. Die Nachbarn beschweren sich bei Emil Ehrlich und verlangen von ihm, dass das zukünftig nicht mehr vorkommt.

Zu Recht?

Im Fall 49 können die Nachbarn nur dann von Emil Ehrlich verlangen, dass er das sonntägliche Rasenmähen einstellt, wenn Emil Ehrlich Störer ist. Wir ziehen Leitsatz 26 zu Rate und stellen fest, dass Emil Ehrlich weder Handlungs- noch Zustandsstörer ist. Weder stört Emil Ehrlich durch aktives Tun oder pflichtwidriges Unterlassen, noch betreibt er eine störende Anlage.

Im Fall 49 müssen die Nachbarn vielmehr ihren Unterlassungsanspruch aus § 1004 I S. 2 BGB gegen Bruno Biber als Handlungsstörer geltend machen; dieser stört die Sonntagsruhe durch das Rasenmähen und es steht auch, weil er das regelmäßig jeden Sonntag tut, zu befürchten, dass er das auch zukünftig tun wird.

Fall 50

Emil Ehrlich hat sein Haus mit großem Garten an Bruno Biber verpachtet. Zwei Bäume wachsen mit ihren Wurzeln auf das Nachbargrundstück und beschädigen das Fundament des dort stehenden Geräteschuppens. Der Nachbar verlangt von Bruno Biber die Beseitigung der Wurzeln.

Zu Recht?

Im Fall 50 ist Bruno Biber Mieter des Hauses mit Garten, nicht Eigentümer. Bruno Biber ist nicht Handlungsstörer, weil er weder durch aktives Tun noch durch pflichtwidriges Unterlassen etwas dazu beiträgt, dass die Wurzeln auf das Nachbargrundstück wachsen. Zu Arbeiten an den Wurzeln von Bäumen ist der Mieter weder berechtigt noch verpflichtet.

Eigentümer der Bäume ist vielmehr Emil Ehrlich; dieser ist somit „Betreiber der störenden Anlage", weil von seinem Eigentum die Störung ausgeht.

Die Nachbarn müssen also Emil Ehrlich auf Beseitigung der Wurzeln gemäß § 1004 I S. 1 BGB in Anspruch nehmen.

Daneben haben die Nachbarn natürlich noch das Selbsthilferecht des § 910 BGB (lesen!). Die Ansprüche aus § 910 BGB und § 1004 BGB stehen gleichrangig nebeneinander. Die Nachbarn können also nach § 910 I BGB die Wurzeln der Bäume, soweit diese auf ihrem Grundstück wachsen, abschneiden und behalten, weil das Fundament des Geräteschuppens durch die Wurzeln beschädigt wird, also kein Fall des § 910 II BGB vorliegt.

Die Kosten, die den Nachbarn durch das eigene Beseitigen der Störung entstehen, können sie nach den Vorschriften über die ungerechtfertigte Bereicherung gemäß §§ 812 ff. BGB von Emil Ehrlich ersetzt verlangen.

Fall 51

Emil Ehrlich hat sein Haus mit großem Garten an Bruno Biber vermietet. Bei einem Orkan stürzen zwei völlig gesunde Bäume auf das Nachbargrundstück. Der Nachbar verlangt sowohl von Emil Ehrlich als auch von Bruno Biber die Beseitigung der Bäume von seinem Grundstück.

Zu Recht?

Im Fall 51 sind nach dem Leitsatz 26 weder Emil Ehrlich noch Bruno Biber Handlungs- oder Zustandsstörer. Es liegt hier vielmehr ein Fall von Naturgewalt vor, wenn es sich um Bäume handelt, die üblicherweise in einem Garten angepflanzt werden und sie wirklich völlig gesund waren. Weder Emil Ehrlich noch Bruno Biber müssen also nach § 1004 BGB die Bäume vom Nachbargrundstück beseitigen.

Beachte: *Aus § 1004 BGB ergeben sich nur Beseitigungs- und Unterlassungsansprüche, keine Schadensersatzansprüche.*

III. Eigentum an Grundstücken

Lektion 8: Eigentumserwerb vom Berechtigten und Vormerkung

Eigentumserwerb vom Berechtigten

Die grundlegende Norm für den Eigentumserwerb vom Berechtigten ist § 873 I BGB, den wir zunächst lesen.

> **Leitsatz 27**
>
> **Eigentumserwerb von Grundstücken**
>
> Eigentum an Grundstücken erwirbt man durch **Einigung** und **Eintragung** in das Grundbuch

Die Einigung ist ein rein dinglicher Vertrag und von einem möglicherweise zugrunde liegenden schuldrechtlichen Vertrag zu trennen (Trennungsprinzip!)

Bei Grundstücken heißt die Einigung nach der Legaldefinition in § 925 I BGB Auflassung. Die Einigungserklärung muss bei gleichzeitiger Anwesenheit der Vertragsparteien vor einer zuständigen Stelle erklärt werden. Gleichzeitige Anwesenheit heißt aber nicht persönliche Anwesenheit. Eine Stellvertretung nach §§ 164 ff. BGB ist daher möglich.

Die zuständige Stelle ist

▶ jeder deutsche Notar

▶ jedes deutsche Gericht, das in einem Verfahren mit der Angelegenheit beschäftigt ist, in dem auch ein gerichtlicher Vergleich geschlossen werden kann

Wenn wir uns an Lektion 4 erinnern und daran, wie leicht im Verhältnis zu Grundstücken der Eigentumsübergang bei beweglichen Sachen stattfindet, dann fragt man sich schon, warum dies beim Eigentumsübergang von Grundstücken so formalistisch ist. Der Bundesgerichtshof (BGH) hat als Grund im Jahr 1982 genannt, dass der Formzwang den Zweck hat, den Grundstückseigentümer auf die Wichtigkeit des Geschäfts, das zur Grundstücksübertragungspflicht führt, hinzuweisen und ihm die Möglichkeit rechtskundiger Belehrung und Beratung nahezulegen. Sinn und Zweck der Formvorschriften ist daher vor allem die Warnfunktion.

Gemäß § 925 II BGB kann die Auflassung nicht unter einer Bedingung erklärt werden; einen Eigentumsvorbehalt kann es also bei der Übertragung eines Grundstücks nicht geben.

Schließlich gilt auch bei der Übertragung des Eigentums an einem Grundstück der sachenrechtliche Bestimmtheitsgrundsatz. Es muss also auch hier genau bestimmt sein, welches konkrete Grundstück betroffen ist. Insoweit unterscheidet sich die Übertragung des Eigentums an beweglichen Sachen und an Grundstücken nicht.

Der Eigentumsübergang am Grundstück erfolgt dann erst zusammen mit der Eintragung ins Grundbuch. Die Grundbucheintragung dient der Publizität. Aus dem Grundbuch sind die sachenrechtlichen Rechtsverhältnisse an Grundstücken ersichtlich.

Leitsatz 28

Grundsatz der Eintragung ins Grundbuch

Die Eintragung ins Grundbuch muss mit der Einigung **deckungsgleich** sein; sonst kommt es nicht zu einer Rechtsänderung am Grundstück.

Für die Eintragung finden wir die maßgeblichen Vorschriften in den §§ 13, 19, 29, 39 der Grundbuchordnung (GBO), die wir jetzt zum Mitlesen neben uns legen.

Dazu nun die Übersicht 11 über die wichtigen Grundsätze der im Grundbuchordnung.

Übersicht 11: Wichtige Grundsätze der GBO

Norm	Grundsatz	Berechtigter
§ 13 GBO	Eintragung nur auf **Antrag**	Wer von der Eintragung betroffen ist. Zu wessen Gunsten die Eintragung erfolgen soll.
§ 17 GBO	Anträge, die dasselbe Recht betreffen, müssen nach dem **Eingangsdatum** eingetragen werden.	
§ 19 GBO	Eintragung nur nach **Bewilligung**	Wessen Recht von der Eintragung betroffen ist.
§ 29 GBO	Eintragung nur, wenn alle erforderlichen Unterlagen durch öffentliche oder öffentlich beglaubigte **Urkunden** nachgewiesen werden.	
§ 39 GBO	Eintragung nur, wenn der Betroffene als **Berechtigter** eingetragen ist	

Fall 52

Bruno Biber hat sein Grundstück an Buchhändler Büchner verkauft und aufgelassen. Büchner stellt einen Antrag auf Eintragung ins Grundbuch. Erst danach verkauft Bruno Biber das Grundstück noch einmal (wie böse), nämlich an Emil Ehrlich. Auch hier erfolgt die Auflassung. Auch Emil Ehrlich stellt einen Antrag auf Eintragung ins Grundbuch, aber natürlich erst nach Büchner. Der Grundbuchbeamte Gradewohl ist aber mit dem Kopf nicht bei der Arbeit und trägt Emil Ehrlich als Eigentümer ins Grundbuch ein.

Ist Emil Ehrlich Eigentümer geworden?

Eigentlich gilt hier natürlich das sog. Prioritätsprinzip. Wer zuerst angemeldet hat, der hätte auch zuerst eingetragen werden müssen. Hat Gradewohl aber nicht. Was nun?

Wir erinnern uns an Leitsatz 28. Wenn die Eintragung ins Grundbuch deckungsgleich mit der Einigung ist, kommt es zu einer Rechtsänderung am Grundstück.

Im Fall 52 ist dies der Fall; die Eintragung von Emil Ehrlich im Grundbuch ist deckungsgleich mit der Einigung zwischen Bruno Biber und Emil Ehrlich über den Eigentumsübergang. Emil Ehrlich ist Eigentümer geworden.

> Der Verstoß gegen das Prioritätsprinzip führt **nicht** zur Unwirksamkeit der Eintragung.

Ganz verlassen ist Buchhändler Büchner aber nicht. Er hat Amtshaftungsansprüche gemäß Art. 34 GG, § 839 BGB gegen das Grundbuchamt. Zu dem Thema Amtshaftungsanspruch können Sie ausführlicher in dem Buch Verwaltungsrecht – *leicht gemacht*® nachlesen. Davon unberührt bleiben die Schadensersatzansprüche, die Buchhändler Büchner gegen Bruno Biber gemäß §§ 275 IV, 280, 281, 283 BGB oder § 285 BGB hat.

Fall 53

Emil Ehrlich ist Eigentümer eines Gartengrundstücks und einer Streuobstwiese, die verschiedene Parzellennummern haben. Er einigt sich mit Bruno Biber über den Eigentumsübergang an seiner Streuobstwiese und beantragt die Eintragung des Eigentumswechsels auf Bruno Biber beim Grundbuchamt. Der uns schon bekannte Grundbuchbeamte Gradewohl trägt Bruno Biber aber als Eigentümer des Gartengrundstücks ein.

Wer ist Eigentümer der Streuobstwiese und des Gartengrundstücks?

Bruno Biber ist mangels Eintragung nicht Eigentümer der Streuobstwiese geworden. Er ist aber trotz Eintragung ins Grundbuchs nicht Eigentümer des Gartengrundstücks geworden, weil keine Einigung über den Eigentumsübergang am Gartengrundstück zwischen Emil Ehrlich und Bruno Biber erfolgte. Vielmehr ist jetzt das Grundbuch unrichtig; es muss eine Grundbuchberichtigung beantragt werden. Die Grundbuchberichtigung wird in Lektion 10 ausführlich behandelt.

Fall 54

Bruno Biber hat sein Grundstück an Buchhändler Büchner verkauft und aufgelassen. Die Eintragung ins Grundbuch ist beantragt, verzögert sich aber. In der Zwischenzeit überlegt Bruno Biber sich das mit dem Verkauf an Büchner noch einmal, weil er ein besseres Angebot von Emil Ehrlich hat. Er widerruft Büchner gegenüber deshalb die Einigung.

Kann Büchner trotz des Widerrufs der Einigung noch ins Grundbuch eingetragen werden?

Grundsätzlich kann die dingliche Einigung frei widerrufen werden. Allerdings ist § 873 II BGB zu beachten (lesen!). Danach kann die Einigung dann nicht mehr widerrufen werden, wenn sie notariell beurkundet oder vor dem Grundbuchbeamten abgegeben oder bei diesem eingereicht wurde.

Merke: *Die Auflassung muss nach § 925 BGB – im Gegensatz zu § 311b I S. 1 BGB – nicht zwingend notariell beurkundet werden, auch wenn dies meistens so gemacht wird. Die Auflassung muss aber nach § 925 I S. 1 BGB vor einer „zuständigen" Stelle abgegeben werden. Jeder deutsche Notar ist eine solche „zuständige Stelle". Ein deutsches Gericht ist dann eine „zuständige Stelle", wenn es in einem Verfahren angerufen ist, in dem ein Vergleich geschlossen werden kann.*

Für die Lösung von Fall 54 kommt es nun darauf an, ob die Einigung notariell beurkundet wurde oder nicht.

Wurde die Auflassung notariell beurkundet, dann kann Bruno Biber die Einigung nicht mehr widerrufen und Büchner muss ins Grundbuch als Eigentümer eingetragen werden. Liegt dagegen keine Bindungswirkung an die Einigung nach § 873 II BGB vor, weil die Auflassung nicht notariell beurkundet wurde, dann konnte Bruno Biber die Einigung widerrufen, was zu Folge hat, dass Büchner nicht mehr Eigentümer werden kann.

Leitsatz 29

Widerrufbarkeit der Einigung

Die dingliche Einigung ist frei **widerruflich**, wenn **keine** Bindungswirkung gemäß § 873 II BGB eingetreten ist.

Fall 55

Emil Ehrlich hat sich mit Bruno Biber über den Eigentumsübergang an seiner Streuobstwiese notariell geeinigt und die Auflassung erklärt. Noch bevor Bruno Biber im Grundbuch eingetragen ist, einigt Bruno Biber sich mit Buchhändler Büchner in notarieller Form über den Eigentumsübergang an der Streuobstwiese von ihm auf Büchner und lässt das Grundstück an Büchner auf. Büchner beantragt die Eintragung ins Grundbuch. Der Grundbuchbeamte Gradewohl verweigert die Eintragung mit dem Hinweis, Bruno Biber sei nicht als Eigentümer im Grundbuch eingetragen.

Zu Recht?

Im Fall 55 liegt eine sogenannte Kettenauflassung vor: Eingetragener Eigentümer im Grundbuch ist Emil Ehrlich. Dieser war mit dem Übergang des Eigentums auf Bruno Biber einverstanden. In diesem Einverständnis mit dem Eigentumsübergang auf Bruno Biber liegt gleichzeitig die Einwilligung gemäß § 185 I BGB, so dass Bruno Biber über das Grundstück frei verfügen kann. Bruno Biber war daher berechtigt, das Grundstück an Büchner aufzulassen.

Im Fall 55 muss Gradewohl also Büchner als Eigentümer eintragen, wenn dieser gemäß § 29 GBO alle Unterlagen durch öffentliche oder öffentlich beglaubigte Unterlagen vorlegen kann. Büchner legt also Gradewohl die notariellen Unterlagen des Vertrages zwischen Emil Ehrlich und Bruno Biber und diejenigen seines Vertrages mit Bruno Biber, ebenfalls in notarieller Form, vor; dann muss Gradewohl ihn als Eigentümer ins Grundbuch eintragen.

Zu Kettenauflassungen nun der Leitsatz 30.

Leitsatz 30

Kettenauflassung

Auch der Käufer, der von einem nicht als Eigentümer im Grundbuch Eingetragenen erwirbt, kann ins Grundbuch als Eigentümer eingetragen werden, wenn er die **Auflassungskette** nach § 29 GBO nachweist.

Fall 56

Bruno Biber hat sein Grundstück an Buchhändler Büchner verkauft und aufgelassen. Die Einigung erfolgte in notarieller Form. Die Eintragung ins Grundbuch ist beantragt, verzögert sich aber. In der Zwischenzeit muss Bruno Biber Insolvenz anmelden und das Insolvenzverfahren über sein Vermögen wird eröffnet. Der Insolvenzverwalter widerruft die Einigung unter Hinweis auf § 80 I Insolvenzordnung (InsO).

§ 80 I InsO lautet wie folgt:

Durch die Eröffnung des Insolvenzverfahrens geht das Recht des Schuldners, das zur Insolvenzmasse gehörende Vermögen zu verwalten und über es zu verfügen, auf den Insolvenzverwalter über.

Bruno Biber kann also nach der Eröffnung des Insolvenzverfahrens nicht mehr frei über sein Vermögen verfügen.

Im Fall 56, in dem das Insolvenzverfahren über das Vermögen von Bruno Biber eröffnet wurde, greift jetzt aber § 878 BGB ein: Ist die Bindungswirkung des § 873 II BGB bereits eingetreten und die Eintragung ins Grundbuch beantragt worden, dann kommt es nicht darauf an, ob der Verkäufer noch zur Verfügung über das Grundstück berechtigt ist.

Dies hat seinen Grund darin, dass häufig ein langer Zeitraum zwischen Antrag und Einigung liegt und die Parteien schon alles getan haben, um den Eigentumsübergang herbeizuführen.

Im Fall 56 kann der Insolvenzverwalter demnach nicht mehr verhindern, dass Büchner ins Grundbuch eingetragen wird. Bruno Biber und Büchner haben bereits alles getan, um den von ihnen gewollten Eigentumsübergang herbeizuführen.

Lektion 8: Eigentumserwerb vom Berechtigten und Vormerkung

Vorsicht: *Da oft ein längerer Zeitraum zwischen der Einigung und Auflassung und der Eintragung des Berechtigten ins Grundbuch liegt, kann es vorkommen, dass ein unredlicher Veräußerer in diesem Zeitraum zu Lasten des noch nicht eingetragenen Erwerbers verfügt.*

Prüfschema 3: Erwerb eines Grundstücks vom Eigentümer

1.	**Einigung (= Auflassung)** der Vertragsparteien nach 2§§ 873, 925 BGB?
2.	**Gleichzeitige Anwesenheit** der Vertragspartner beim Notar nach § 925 BGB? „gleichzeitig" = Beide Parteien sind **gemeinsam** beim Notar. = Eine Partei ist **persönlich** beim Notar anwesend + die zweite Partei wird **vertreten** + der Vertreter ist notariell bevollmächtigt + der Vertreter ist persönlich beim Notar anwesend. = Eine Partei ist **persönlich** beim Notar anwesend + die zweite Partei wird **vertreten** + der Vertreter ist persönlich beim Notar anwesend+ der Vertreter hat zwar keine notarielle Vollmacht, aber die zweite Partei **genehmigt nachträglich** notariell den Vertrag.
3.	**Schuldrechtliche Urkunde** liegt im Notartermin bereits vor? Schuldrechtliche Urkunde wird im Notartermin errichtet?
4.	**Eintragung** der Eigentumsänderung ins Grundbuch nach § 873 BGB?

Wenn 1.–4. (+) → **Eigentumsübergang** am Grundstück

Vormerkung

Fall 57

Emil Ehrlich will ein Grundstück von Bruno Biber kaufen. Er weiß aber, dass Bruno Biber sich nicht immer vertragstreu verhält. Wie kann Emil Ehrlich sich absichern und verhindern, dass Bruno Biber so über das

Grundstück verfügt, dass er am Ende trotz eines wirksamen Kaufvertrages doch nicht Eigentümer wird?

Das BGB hat auch für diesen Fall Vorsorge getroffen, und zwar durch das Rechtsinstitut der Vormerkung, die in den §§ 883 ff. BGB geregelt ist und im Grundbuch eingetragen wird. Die Vormerkung ist ein Sicherungsrecht, das den Anspruchsberechtigten davor schützt, dass sein Anspruch auf Einräumung oder Aufhebung eines Grundstücksrechts vereitelt wird.

Leitsatz 31

Vormerkung

Die Vormerkung gemäß § 883 I BGB kann zur Sicherung

- des **Anspruchs** auf Einräumung oder Aufhebung eines Grundstücksrechts,
- eines **Rechts** an einem Grundstück,
- der **Änderung des Inhalts** eines Grundstücksrechts,
- der **Rangänderung** eines Grundstücksrechts
- eingetragen werden.

Die Voraussetzungen der Vormerkung sind in § 885 BGB geregelt.

Leitsatz 32

Voraussetzungen der Vormerkung

Die Vormerkung setzt nach § 885 BGB voraus:

- einen tatsächlich bestehenden zu sichernder **Anspruch** gemäß § 883 I BGB
- die **Bewilligung** des Betroffenen oder eine **einstweilige Verfügung**
- die **Eintragung** der Vormerkung im Grundbuch

Im Fall 57 kann Emil Ehrlich somit mit Bruno Biber vereinbaren, dass zur Sicherung seines Anspruchs auf Eintragung der Eigentumsänderung ins Grundbuch die Eintragung einer Vormerkung bewilligt und die Eintragung der Vormerkung beantragt wird. Es handelt sich dann um eine

Auflassungsvormerkung, weil der Anspruch von Emil Ehrlich auf Eintragung als Eigentümer im Grundbuch (Auflassungsanspruch) gesichert werden soll.

Die Wirkung der Vormerkung ergibt sich aus § 883 II BGB, den wir natürlich lesen! Aus dieser Vorschrift ergibt sich, dass Bruno Biber im Fall 57 also immer noch über das Grundstück verfügen kann; diese Verfügung ist dann aber gegenüber Emil Ehrlich relativ unwirksam.

Relativ unwirksam gemäß § 883 II BGB bedeutet dabei, dass die Unwirksamkeit nur Verfügungen betrifft, die den gesicherten Anspruch des Vormerkungsinhabers beeinträchtigen oder verhindern würden, also z.B. die Übereignung des Grundstücks an den durch die Vormerkung Gesicherten.

Beachte: *Wie wir schon aus dem Leitsatz 32 wissen: Emil Ehrlich ist im Fall 57 erst dann wirklich vor weiteren Verfügungen zu seinen Lasten durch Bruno Biber geschützt, wenn die Vormerkung im Grundbuch auch eingetragen ist.*

Lektion 9: Eigentumserwerb vom Nichtberechtigten

In dieser Lektion behandeln wir ausschließlich den rechtsgeschäftlichen Erwerb eines Grundstücks vom im Grundbuch eingetragenen Nichtberechtigten. Eine nicht nur in Klausuren beliebte Fallkonstellation.

Wegen des öffentlichen Glaubens des Grundbuchs kann der Erwerber auf das Eigentumsrecht eines im Grundbuch Eingetragenen vertrauen. Die Eintragung als Eigentümer im Grundbuch entspricht also dem unmittelbaren Besitz beim Eigentumserwerb beweglicher Sachen vom Nichtberechtigten.

Der öffentliche Glaube des Grundbuchs ergibt sich aus §§ 891, 892, 893 BGB, die wir zunächst einmal lesen!

Was verbirgt sich nun hinter dem Begriff des „öffentlichen Glaubens des Grundbuchs"?

> ### Leitsatz 33
> **Öffentlicher Glaube des Grundbuchs**
>
> Nach § 892 I S. 1, 2. Halbsatz BGB gilt der Inhalt des Grundbuchs als **richtig**, wenn kein Widerspruch eingetragen oder dem Erwerber die Unrichtigkeit des Grundbuchs bekannt ist.

Der öffentliche Glaube des Grundbuchs wird also nach dem Wortlaut des § 892 I BGB nur durch die Eintragung eines Widerspruchs oder durch die Kenntnis des Erwerbers von der Unrichtigkeit des Grundbuchs erschüttert.

Der Widerspruch gegen die Richtigkeit des Grundbuchs ist in § 899 BGB geregelt. Er sichert die Erhaltung der materiellen Rechtslage. Näheres zur Berichtigung in Lektion 10.

Hier jetzt zur Übersicht 12 über den öffentlichen Glauben des Grundbuchs. Der nicht Bösgläubige kann sich schon sehr weit auf den Inhalt verlassen.

Übersicht 12: Öffentlicher Glaube des Grundbuchs

▶ Nach § 891 BGB begründet das Grundbuch die **gesetzliche Vermutung**, dass derjenige, für den ein Recht, also auch das Eigentumsrecht, im Grundbuch eingetragen ist, auch Inhaber des Rechts ist.

▶ Nach § 892 BGB kann der Erwerber auch vom **Nichtberechtigten**, der aber im Grundbuch eingetragen ist, das eingetragene Recht, also auch Eigentum, erwerben, sofern er nicht bösgläubig ist.

▶ Nach § 893 BGB ist schließlich auch derjenige **geschützt**, zu dessen Gunsten der im Grundbuch eingetragene Nichtberechtigte andere Verfügungen trifft, sofern er nicht bösgläubig ist.

Fall 58

Emil Ehrlich ist Eigentümer eines Gartengrundstücks und einer Streuobstwiese, die verschiedene Parzellennummern haben. Er einigt sich mit Bruno Biber über den Eigentumsübergang an seiner Streuobstwiese und beantragt die Eintragung des Eigentumswechsels auf Bruno Biber beim Grundbuchamt. Der uns schon bekannte Grundbuchbeamte Gradewohl trägt Bruno Biber aber als Eigentümer des Gartengrundstücks ein. Bruno Biber reagiert schnell, als er die Eintragungsnachricht vom Grundbuchamt erhält und einigt sich mit Buchhändler Büchner über den Eigentumsübergang am Gartengrundstück. Büchner beantragt die Eintragung ins Grundbuch. Inzwischen hat Gradewohl bemerkt, dass er den Eigentumswechsel am falschen Grundstück eingetragen hatte.

Muss Gradewohl trotzdem Büchner noch als Eigentümer des Gartengrundstücks eintragen?

Wir lesen noch einmal § 892 I BGB und schauen uns Leitsatz 27 an. Danach müsste auf den ersten Blick Gradewohl im Fall 58 tatsächlich Büchner als Eigentümer eintragen, obwohl ihm die Unrichtigkeit des Grundbuchs bekannt ist, weil er die Verwechslung der Grundstücke bei der Eintragung bemerkt hat.

Allerdings ist weder ein Widerspruch im Grundbuch eingetragen, noch ist dem Buchhändler Büchner die Unrichtigkeit des Grundbuchs bekannt.

Im Fall 58 kommt nun aber zum Tragen, dass § 891 I BGB eine gesetzliche Vermutung ist, die also widerlegt werden kann. Wenn, wie im Fall 58, das Grundbuchamt positive Kenntnis von der Unrichtigkeit des Grundbuchs hat, darf es nicht daran mitwirken, dass ein Erwerb vom Nichtberechtigten vollendet wird. Gradewohl muss also im Fall 58 den Antrag von Büchner auf Eintragung ins Grundbuch ablehnen, nachdem er seinen Fehler bemerkt hat und damit positiv weiß, dass das Grundbuch unrichtig ist.

Der Erwerb von Grundstückseigentum vom Nichtberechtigten richtet sich nach § 892 BGB, den wir – wie immer – erst einmal genau lesen. Wir sehen, dass § 892 I BGB mehrere Voraussetzungen hat.

Leitsatz 34

Voraussetzungen des Erwerbs vom Nichtberechtigten

§ 892 I BGB setzt für den Erwerb vom Nichtberechtigten voraus, dass

- das Grundbuch **unrichtig** ist
- ein eingetragenes Grundstücksrecht **erworben** wird
- **kein** Widerspruch eingetragen ist

Das Grundbuch ist unrichtig, wenn ein Recht eingetragen ist, das nicht besteht oder wenn ein bestehendes Recht nicht eingetragen ist.

Wir erinnern uns an Fall 58: Zugunsten von Bruno Biber ist ein Recht, nämlich sein Eigentum an dem Gartengrundstück, eingetragen, obwohl dieses Recht überhaupt nicht besteht. Eigentümer ist unverändert Emil Ehrlich, wie wir aus der Lösung von Fall 54 wissen.

Die weitere Voraussetzung des § 892 I BGB liegt vor, wenn der Erwerb eines eingetragenen Grundstücksrechts erfolgt. Im Fall 58 ist dies der Erwerb des Gartengrundstücks durch Buchhändler Büchner von Bruno Biber.

Fall 59
Wie Fall 58: Der Grundbuchbeamte Gradewohl bemerkt aber seinen Fehler beim Eigentumsübergang von Emil Ehrlich auf Bruno Biber nicht und trägt deshalb Buchhändler Büchner als Eigentümer des Garten-

grundstücks ein. Ist Büchner jetzt Eigentümer des Gartengrundstücks geworden?

Im Grundbuch war Bruno Biber als Eigentümer des Gartengrundstücks eingetragen – fälschlich, wie wir aus Fall 58 wissen. Das Grundbuch war also unrichtig. Gradewohl wusste nicht, dass er sich bei der Eintragung geirrt hat, es war kein Widerspruch ins Grundbuch eingetragen und Büchner wusste auch nichts von der Unrichtigkeit des Grundbuchs.

Zu Gunsten von Büchner gilt im Fall 59 § 892 I BGB, der **öffentliche Glaube des Grundbuchs**. Büchner ist also, weil beide Voraussetzungen des § 892 I BGB vorliegen, Eigentümer des Gartengrundstücks geworden.

Exkurs: *Welche Ansprüche hat Emil Ehrlich jetzt gegen Buchhändler Büchner und Bruno Biber?*
Emil Ehrlich hat keinerlei Ansprüche gegen Buchhändler Büchner:

- *Ansprüche aus ungerechtfertigter Bereicherung nach § 812 I S. 1 1. Alternative BGB scheitern daran, dass der Erwerb des Grundstücks durch Büchner keine Leistung von Emil Ehrlich an ihn ist.*

- *Ansprüche aus § 812 I S. 1, 2. Alternative BGB scheitern, weil es eine vorrangige Leistung von Bruno Biber an Emil Ehrlich gibt.*

- *Ansprüche aus § 823 I S. 1 BGB scheitern daran, dass Büchner kein Verschulden an der Unrichtigkeit des Grundbuchs trifft.*

Emil Ehrlich kann aber Ansprüche gegen Bruno Biber haben, und zwar insbesondere aus

- *§§ 989, 990 BGB aus dem Eigentümer-Besitzer-Verhältnis,*

- *§ 816 I S. 1 BGB aus ungerechtfertigter Bereicherung oder aus*

- *§ 823 I BGB aus unerlaubter Handlung*

Fall 60

Emil Ehrlich ist Eigentümer eines Gartengrundstücks und einer Streuobstwiese, die verschiedene Parzellennummern haben. Er einigt sich mit Bruno Biber über den Eigentumsübergang an seiner Streuobstwiese und beantragt die Eintragung des Eigentumswechsels auf Bruno Biber beim Grundbuchamt. Der uns schon bekannte Grundbuchbeamte Gradewohl trägt Bruno Biber aber als Eigentümer des Gartengrundstücks ein. Bruno Biber reagiert schnell und einigt sich mit Buchhändler Büchner über den Eigentumsübergang am Gartengrundstück. Nachdem Büchner schon den Antrag auf Eintragung ins Grundbuch gestellt hat, erfährt er beim Stammtisch, als über die Beamten ganz allgemein und über Gradewohl ganz besonders geschimpft wird, dass Bruno Biber gar nicht Eigentümer des Gartengrundstücks ist, sondern dass Eigentümer immer noch Emil Ehrlich ist. Büchner tut gar nichts und die Dinge nehmen ihren Lauf; Büchner wird als Eigentümer im Grundbuch eingetragen.

Ist Büchner Eigentümer des Gartengrundstücks geworden?

Wir lesen wieder § 892 I BGB und stellen fest, dass der Erwerber trotz der Unrichtigkeit des Grundbuchs kein Eigentum vom Nichtberechtigten erwerben kann, wenn ein Widerspruch im Grundbuch eingetragen oder dem Erwerber die Unrichtigkeit des Grundbuchs bekannt ist.

Im Fall 60 wusste Büchner zum Zeitpunkt der Auflassung nicht, dass Bruno Biber nicht Eigentümer des Grundstücks ist. Zum Zeitpunkt des Antrags auf Eintragung wusste Büchner ebenso wenig, dass Bruno Biber nicht Eigentümer des Gartengrundstücks ist. Die Bindungswirkung des § 873 II BGB war zum Zeitpunkt der letzten Erwerbshandlung bereits eingetreten, so dass die danach erlangte Kenntnis von Büchner unschädlich ist.

Im Fall 60 ist Büchner Eigentümer des Gartengrundstücks geworden.

Fall 61
Wie Fall 60. Büchner erfährt aber noch vor dem Antrag auf Eintragung ins Grundbuch, dass Bruno Biber gar nicht Eigentümer des Gartengrundstücks ist, sondern dass Eigentümer immer noch Emil Ehrlich ist. Trotzdem beantragt Büchner die Eintragung und die Dinge nehmen ihren Lauf; Büchner wird als Eigentümer im Grundbuch eingetragen.

Im Fall 61 wusste Büchner zum Zeitpunkt der Auflassung nicht, dass Bruno Biber nicht Eigentümer des Grundstücks ist. Zum Zeitpunkt des Antrags auf Eintragung wusste Büchner aber ganz genau, dass Bruno Biber nicht Eigentümer des Gartengrundstücks ist, weil er das am Stammtisch erfahren hat.

Jetzt kommt § 892 II BGB ins Spiel, den wir natürlich erst einmal lesen. Im Fall 61 ist für den Erwerb des Eigentums am Gartengrundstück die Eintragung ins Grundbuch erforderlich. Maßgeblicher Zeitpunkt für die Kenntnis des Erwerbers von der Unrichtigkeit des Grundbuchs ist daher der Zeitpunkt der Stellung des Antrags auf Eintragung.

Im Fall 61 ist Büchner damit nicht Eigentümer des Gartengrundstücks geworden; zum Zeitpunkt des Antrags auf Eintragung ins Grundbuch wusste er schon, dass trotz Eintrags von Bruno Biber als Eigentümer im Grundbuch immer noch Emil Ehrlich der wahre Eigentümer, das Grundbuch also unrichtig, ist.

Das Grundbuch ist nun aber auch hinsichtlich der Eintragung von Büchner als Eigentümer unrichtig.

Prüfschema 4: Gutgläubiger Erwerb

1.	**Grundbuch unrichtig** nach § 892 I, S. 1 BGB? – Ist ein Grundstücksrecht eingetragen, obwohl es nicht besteht? **Oder** – Ist ein Grundstücksrecht, das besteht, nicht eingetragen?
2.	**Erwerb** des Grundstücks durch **Rechtsgeschäft** gemäß § 892 I BGB? – Rechtsgeschäft (+), wenn ein Verkehrsgeschäft vorliegt. – Verkehrsgeschäft (+), wenn der Veräußerer nicht der Erwerber ist, also mindestens zwei verschiedene Personen beteiligt sind und wenn kein Erwerb kraft Gesetzes (z.B. § 1922 BGB) vorliegt. ➙ Kein Erwerb in der Zwangsvollstreckung?
3.	**Guter Glaube** des Erwerbers an die Richtigkeit des Grundbuchs zum Zeitpunkt der Antragstellung nach § 892 II BGB? – Positive Kenntnis des Erwerbers von der Unrichtigkeit? ➙ Anders als bei § 932 II BGB zerstört grobfahrlässige Unkenntnis den guten Glauben wegen des öffentlichen Glaubens des Grundbuchs nicht!
4.	**Kein Widerspruch** nach § 899 BGB eingetragen?

Wenn 1.– 4. (+) ➙ **Eigentumsübergang** am Grundstück

Lektion 10: Widerspruch, Grundbuchberichtigung und Grundbuch

Wie wir jetzt wissen, kann es Situationen geben, in denen das Grundbuch unrichtig ist.

> ## Leitsatz 35
> **Unrichtigkeit des Grundbuchs**
>
> Das Grundbuch ist gemäß § 894 BGB unrichtig, wenn eine **Divergenz** zwischen dem Grundbuchinhalt und der tatsächlichen Rechtslage besteht, und zwar hinsichtlich
>
> ▶ eines Rechts an einem **Grundstück**
> ▶ eines Rechts an einem **Grundstücksrecht**
> ▶ einer **Verfügungsbeschränkung**

Fall 62

Wir erinnern uns an Fall 54 in Lektion 8, in dem der Grundbuchbeamte Gradewohl Bruno Biber als Eigentümer des Gartengrundstücks ins Grundbuch einträgt, obwohl sich Bruno Biber und Emil Ehrlich über den Eigentumsübergang der Streuobstwiese geeinigt und auch die entsprechende Eintragung beantragt hatten.

Wie kann Emil Ehrlich sich jetzt vor Verfügungen von Bruno Biber über das Gartengrundstück schützen?

Das BGB kennt hier zwei Möglichkeiten, nämlich

▶ den Widerspruch gemäß § 899 BGB als vorläufige Maßnahme des Eigentümers, um den öffentlichen Glauben des Grundbuchs zu erschüttern und

▶ den Anspruch auf Grundbuchberichtigung gemäß § 894 BGB zur endgültigen Berichtigung des Grundbuchs.

Fangen wir mit dem Widerspruch gemäß § 899 BGB an.

Aus § 899 I BGB, den wir lesen, ergibt sich, dass der Widerspruch den öffentlichen Glauben des Grundbuchs hinsichtlich des Rechts, auf den sich der Widerspruch bezieht, zerstört; ein Erwerber kann nach Eintrag eines Widerspruchs nicht mehr vom Nichtberechtigten erwerben.

Beachte: *Es kommt nicht darauf an, ob der Erwerber den Widerspruch kennt, maßgeblich ist allein die Eintragung im Grundbuch. Der Widerspruch führt nicht zu einer Grundbuchsperre, so dass der eingetragene Eigentümer weiter verfügen kann. Der Erwerber genießt aber hinsichtlich des Rechts, auf den sich der Widerspruch bezieht, keinen Schutz des Grundbuchs mehr.*

Im Fall 62 wird Emil Ehrlich daher sofort einen Widerspruch gegen die Richtigkeit des Grundbuchs eintragen lassen.

Wie er das machen kann, ergibt sich aus § 899 II BGB.

Die Eintragung des Widerspruchs ins Grundbuch erfolgt

▶ aufgrund einer einstweiligen Verfügung oder

▶ aufgrund einer Bewilligung des fälschlich Eingetragenen.

Im Fall 62 muss sich Emil Ehrlich daher zunächst mit Bruno Biber in Verbindung setzen, um zu klären, ob dieser die Eintragung eines Widerspruchs hinsichtlich des Gartengrundstücks bewilligt. Bewilligt Bruno Biber die Eintragung eines Widerspruchs nicht, muss Emil Ehrlich im Fall 62 den Erlass einer einstweiligen Verfügung gemäß § 935 ZPO beantragen. Wird diese erlassen, kann Emil Ehrlich unter Vorlage dieser gerichtlichen Entscheidung die Eintragung des Widerspruchs beantragen.

Nachdem Emil Ehrlich im Fall 62 nun vorläufig gegen Verfügungen von Bruno Biber über das Gartengrundstück geschützt ist, will er natürlich auch, dass das Grundbuch endgültig richtig ist, er also wieder als Eigentümer des Gartengrundstücks eingetragen ist.

Hier hilft ihm § 894 BGB, den wir oben bereits etwas kennengelernt haben. Die Anspruchsvoraussetzungen ergeben sich aus Leitsatz 35. Die Rechtsfolge ist ein dinglicher Anspruch auf Grundbuchberichtigung desjenigen, dessen Recht durch das unrichtige Grundbuch beeinträchtigt wird gegen denjenigen, für den zu Unrecht ein Recht eingetragen wurde.

Der Anspruch richtet sich auf die Zustimmung zur Berichtigung des Grundbuchs. Dabei handelt es sich aber nicht, wie man denken könnte, um eine materiell-rechtliche Willenserklärung sondern um eine grundbuchverfahrensrechtliche Erklärung gemäß § 19 GBO (nachlesen!).

Im Fall 62 muss sich somit Emil Ehrlich wiederum zunächst an Bruno Biber wenden, damit dieser die entsprechende Erklärung zur Berichtigung des Grundbuchs abgibt. Verweigert Bruno Biber die Abgabe dieser Erklärung, muss Emil Ehrlich Bruno Biber verklagen, und zwar auf Bewilligung der Löschung als Eigentümer.

Obsiegt Emil Ehrlich in diesem Verfahren auf Bewilligung der Löschung als Eigentümer, dann gilt gemäß § 894 I ZPO mit der Rechtskraft des Urteils die Bewilligungserklärung als abgegeben.

Gegenstand und Aufbau des Grundbuchs

Nachdem wir jetzt schon häufig vom Grundbuch gehört haben, wenden wir uns einmal dem Thema zu, was das Grundbuch überhaupt ist, und wie es aufgebaut ist.

Alle Grundstücke und grundstücksgleichen Rechte, wie z.B. Erbbaurechte müssen im Grundbuch eingetragen werden. Es besteht also ein Grundbuchzwang. Für jedes Grundstück wird ein eigenes Grundbuchblatt angelegt (§ 3 I S. 1 GBO).

> Gemäß § 3 I S. 2 GBO ist dieses **Grundbuchblatt** das Grundbuch im Sinne des BGB.

Daneben gibt es die Grundbuchakten, in denen alle beim Grundbuchamt eingereichten Unterlagen und Verfügungen des Grundbuchamtes abgelegt werden. Aus den Grundakten ist also alles ersichtlich, was mit der Eintragung zusammenhängt und worauf die Eintragung beruht.

Jedes Grundbuchblatt erhält eine laufende Nummer. Alle Grundbuchblätter des gleichen Bezirks werden in einem Band zusammengefasst.

Früher war immer das Amtsgericht, in dessen Bezirk das Grundstück liegt, das Grundbuchamt. Zwischenzeitlich hat hier aber auch eine Konzentration der Grundbuchführung auf wenige Amtsgerichte stattgefunden, bei denen dann das Grundbuch für mehrere frühere Bezirke geführt wird.

Merke: *Das Grundbuchamt ist immer ein Amtsgericht, aber nicht jedes Amtsgericht ist zugleich auch ein Grundbuchamt.*

Diese Konzentration der Grundbuchämter auf weniger Amtsgerichte geht mit der Einführung des elektronischen Grundbuchs einher, für das der Gesetzgeber mit dem Registerbeschleunigungsgesetz vom 20.12.1993 bereits die erste Grundlage geschaffen hat. Jetzt finden wir die Rechtsgrundlage für das elektronische Grundbuch in den §§ 126–134 GBO.

Für das elektronische Grundbuch wird der gesamte Datenbestand der Grundbücher digitalisiert und zentral gespeichert. Dadurch ist es für den Bürger gleichgültig, wo das Grundbuch geführt wird; er kann von jedem Ort aus Einsicht in das (elektronische) Grundbuch nehmen. Die Einsicht ist aber ebenso wie bisher kostenpflichtig.

Das Einsichtsrecht selbst ist in § 12 GBO geregelt. Danach kann jeder Einsicht nehmen, der ein berechtigtes Interesse darlegen kann. Meistens ist das ein wirtschaftliches oder familiäres Interesse. Das Einsichtsrecht bezieht sich auch auf die Grundakten.

Dort, wo das Grundbuch bereits elektronisch geführt wird, geht die Eintragung jetzt deutlich schneller als dort, wo das Grundbuch unverändert in Papierform geführt wird.

Beachte: *Für die Führung der Grundbücher sind die einzelnen Bundesländer zuständig. Das führt dazu, dass auch die Einführung des elektronischen Grundbuchs in den einzelnen Bundesländern unterschiedlich weit fortgeschritten ist.*

Die Grundbuchblätter sehen immer vergleichbar aus und sind immer gleich gegliedert, nämlich in:

- ▶ Aufschrift
- ▶ Bestandsverzeichnis
- ▶ drei Abteilungen, nämlich
  - Abteilung 1 Eigentümer des Grundstücks
  - Abteilung 2 Belastungen des Grundstücks
  - Abteilung 3 Grundpfandrechte

Die Aufschrift, die erste Seite des Grundbuchblatts, enthält die Angabe des zuständigen Amtsgerichts als Grundbuchamt und die Gemeinde, in der das Grundstück liegt.

Das Bestandsverzeichnis enthält insbesondere

- ▶ die laufende Nummer des Grundstücks
- ▶ die Angabe der Gemarkung
- ▶ die Parzellennummer
- ▶ die Karte, in der die Parzelle verzeichnet ist
- ▶ die Größe des Grundstücks
- ▶ die Wirtschaftsart (z.B. Gebäude- und Freifläche, landwirtschaftliche Fläche usw.)

damit klar ist, um welches Grundstück es sich handelt.

In Abteilung 1 ist nicht nur der Eigentümer des Grundstücks eingetragen sondern auch der Erwerbsgrund. In Abteilung 2 sind alle Lasten und Beschränkungen mit Ausnahme der Grundpfandrechte eingetragen, also z.B. Nießbrauch, Wegerecht, Nacherbschaft usw. In Abteilung 3 sind schließlich die Hypotheken, Grundschulden und Rentenschulden eingetragen.

Beachte: *Im Grundbuch erfolgen keine Streichungen, Löschungen oder gar die Anlage eines neuen Grundbuchblattes bei Änderungen. Änderungen werden dergestalt vorgenommen, dass die zu ändernde Eintragung rot unterstrichen wird; damit wird gekennzeichnet, dass die Eintragung nicht mehr aktuell ist.*

Aus dem Grundbuch ist also immer die Historie des Grundstücks ersichtlich.

IV. Beschränkt dingliche Rechte

Lektion 11: Dienstbarkeiten

Rang

Neben dem Eigentum als dem stärksten dinglichen Recht an einem Grundstück gibt es noch weitere Rechte, nämlich die beschränkt dinglichen Rechten. Dabei handelt es sich um Belastungen des Grundstücks, vor allem die:

- ▶ Dienstbarkeiten (in dieser Lektion behandelt)
- ▶ Vorkaufsrechte und Reallasten (Lektion 12)
- ▶ Hypotheken (Lektion 13)
- ▶ Grundschulden (Lektion 14)

Beschränkt dingliche Rechte erlauben dem Inhaber des Rechts einen beschränkten, nach der Art des jeweiligen Rechts ausgestalteten, rechtlichen Zugriff auf das Grundstück in Form von Nutzungs- und Verwertungsrechten.

Wie wir eben gelernt haben, sind die diese beschränkt dinglichen Rechte in den Abteilungen 2 und 3 des Grundbuchs eingetragen. Aus Fall 49 ist uns auch schon das Prioritätsprinzip bekannt, also der Grundsatz des § 17 GBO, dass Anträge, die dasselbe Recht betreffen, nach dem Eingangsdatum eingetragen werden müssen.

Wie verhält es sich jetzt aber mit dem Rang der verschiedenen dinglichen Rechte untereinander?

Wie so oft finden wir auch hier die Lösung im BGB selbst, und zwar in § 879 BGB, den wir lesen!

Zunächst stellen wir fest, dass es offensichtlich einen Rang nur unter den beschränkt dinglichen Rechten gibt, also nicht hinsichtlich des Eigentums. Ganz klar: Das Eigentum als stärkstes Recht hat keinen Rang, weil kein anderes Recht mit ihm konkurrieren kann.

Nach § 879 I S. 1 BGB bestimmt sich der Rang verschiedener Rechte nach der Reihenfolge der Eintragung, wenn die Rechte in derselben Abteilung des Grundbuchs eingetragen sind. Sind die Rechte aber in verschiedenen Abteilungen eingetragen, also z.B. ein Wegerecht in Abteilung 2 und eine Grundschuld in Abteilung 3, dann gilt § 879 I S. 2 BGB. Jetzt kommt es auf das Eintragungsdatum an. Das datumsmäßig früher eingetragene Recht geht dem später eingetragenen im Rang vor.

Wir müssen also immer bei der Bestimmung des Rangs alle in den Abteilungen 2 und 3 eingetragenen Rechte nach der Reihenfolge der Eintragung und dem Datum „sortieren", um den Rang zu bestimmen. Und wir stellen fest, dass wir immer alle Abteilungen des Grundbuchs anschauen müssen, wenn wir wissen wollen, an welchem Rang unser Recht steht.

Fall 63

Emil Ehrlich hat sein Gartengrundstück mit einer Grundschuld über 50.000 Euro belastet, die am 01.07.2016 im Grundbuch eingetragen wurde. Auf dem Gartengrundstück ist seit 01.02.1959 schon ein Wegerecht zugunsten der dahinter liegenden Streuobstwiese eingetragen. Weil Bruno Biber sich immer schon um das Gartengrundstück gekümmert hat, wenn Emil Ehrlich beruflich unterwegs ist, und Emil Ehrlich jetzt überhaupt keine Zeit mehr für sein Gartengrundstück hat, will er Bruno Biber einen Nießbrauch an diesem Gartengrundstück einräumen.

Welchen Rang hätte dieser Nießbrauch?

Wir „sortieren" die Belastungen des Grundstücks in den verschiedenen Abteilungen:

    01.02.1959   Wegerecht
    01.07.2016   Grundschuld

und stellen fest, dass im Fall 63 der Nießbrauch den 3. Rang hätte.

Merke: *Je mehr Vorbelastungen ein Grundstück hat, desto schlechter ist der Rang der zuletzt eingetragenen Belastung.*

Ist ein Grundstück also bereits mit einem Wegerecht, einem Nießbrauch, einer Vorerbschaft und diversen Grundschulden und Hypotheken belastet, dann bietet auch ein lebenslänglich eingeräumtes Wohnrecht, das zuletzt eingetragen wurde, dem Berechtigten keinen besonderen Schutz mehr und ist mehr oder weniger „wertlos".

Beachte: *Nach § 880 I BGB kann das Rangverhältnis nachträglich geändert werden. Die Voraussetzungen dafür sind in § 880 II BGB geregelt, nämlich:*

- *Einigung des zurücktretenden und des vortretenden Berechtigten*

- *Eintragung der Änderung ins Grundbuch*

Merken müssen wir uns § 880 V BGB, den wir zuerst lesen. Danach werden die Rechte, die im Rang zwischen dem zurücktretenden und dem vortretenden Recht liegen, durch die Rangänderung nicht berührt. Die beiden Rechte tauschen also quasi ihren Platz, alle anderen Rechte behalten ihren Rang – insoweit tritt keine Änderung ein.

Dienstbarkeiten

Und nun konkret zu den Dienstbarkeiten. Wir befinden uns nach wie vor im Sachenrecht, das im 3. Buch des BGB geregelt ist. Dort sind im Abschnitt 4, also in den §§ 1018 – 1093 BGB, die Dienstbarkeiten geregelt. Wir schauen uns das Inhaltsverzeichnis unseres BGB an und stellen fest, dass es drei Arten von Dienstbarkeiten gibt.

Übersicht 13: Dienstbarkeiten

Arten von Dienstbarkeiten:	
Dienstbarkeiten sind	
die **Grunddienstbarkeiten**	§§ 1018 – 1029 BGB
der **Nießbrauch**	§§ 1030 – 1089 BGB
die **beschränkt persönlichen Dienstbarkeiten**	§§ 1090 – 1093 BGB

Der Nießbrauch wird wiederum **unterteilt** in:	
den Nießbrauch an **Sachen**	§§ 1030–1067 BGB
den Nießbrauch an **Rechten**	§§ 1068–1084 BGB
den Nießbrauch an einem **Vermögen**	§§ 1085–1089 BGB

Leitsatz 36

Definition der Dienstbarkeiten

Dienstbarkeiten sind beschränkt dingliche **Nutzungsrechte** an einem **Grundstück**; sie sind also dingliche Belastungen des Grundstücks und im Grundbuch eingetragen.

Merke: *Grunddienstbarkeit, Nießbrauch und beschränkt persönliche Dienstbarkeit unterscheiden sich vor allem in Bezug auf den Umfang des jeweiligen Nutzungsrechts.*

Übersicht 14: Umfang der Dienstbarkeiten

Art der Dienstbarkeit	Dienstbarkeit woran	Umfang der Nutzung	Übertragbarkeit
Grunddienstbarkeit	an Grundstücken	einzelne, genau bestimmte Nutzung	Bestandteil des Grundstücks; nicht isoliert übertragbar
Nießbrauch	an Sachen an übertragbaren Rechten	umfassende Nutzung	nicht übertragbar nicht vererblich
beschränkt persönliche Dienstbarkeit	an Grundstücken	einzelne, genau bestimmte Nutzungen	nicht übertragbar nicht vererblich

Nießbrauch

Ungeachtet der Reihenfolge im BGB wenden wir uns zunächst dem Nießbrauch zu, da dieser, wie wir aus der Übersicht 14 erkennen, das umfassendste Nutzungsrecht gewährt.

Was ist ein Nießbrauch und wie wird er bestellt?

▶ Der Nießbrauch gewährt dem Berechtigten die Nutzung des zugrunde liegenden Vollrechts, so dass dieses Vollrecht teilweise übertragen werden muss.

▶ Die Bestellung des Nießbrauchs hängt somit davon ab, wie das entsprechende Vollrecht übertragen wird.

Es gelten also für die Bestellung des Nießbrauchs

▶ bei einem Nießbrauch an Grundstücken: §§ 873 ff. BGB

▶ bei einem Nießbrauch an beweglichen Sachen: §§ 1032, 929 ff. BGB

▶ bei einem Nießbrauch an Rechten: §§ 1068, 398 BGB

Aus § 1030 BGB erkennen wir, dass der Nießbrauch eine persönliche Dienstbarkeit ist.

Leitsatz 37

Inhalt des Nießbrauchs

Der Nießbrauch erlaubt dem Berechtigten eine **umfassende Nutzung** des belasteten Gegenstandes; der Berechtigte darf die Nutzungen der Sache ziehen. Der Nießbrauch ist nicht auf einzelne Nutzungen begrenzt.

Für die Frage, was Nutzungen sind, erinnern wir uns an unsere Lektion 2. Nutzungen sind nach § 100 BGB die Früchte einer Sache, eines Rechts und Gebrauchsvorteile einer Sache.

Fall 64

Emil Ehrlich räumt Bruno Biber den Nießbrauch an seiner Streuobstwiese ein. Bruno Biber erntet das Obst, verarbeitet es und verkauft auch einen Teil. Außerdem verkauft er das Heu, das durch das Mähen der Wiese anfällt. Das Obst und den Erlös aus dem Verkauf von Obst und Heu behält er. Darf Bruno Biber das Obst und den Erlös behalten?

Wir lesen noch einmal § 1030 BGB, wonach es zum Wesen des Nießbrauchs gehört, die Nutzungen der Sache zu ziehen. Nach der Regel des § 100 BGB sind sowohl das Obst – egal in welcher Form – als auch das Heu Nutzungen (auch das sind Früchte der Sache), die Bruno Biber zustehen und mit denen er machen kann, was er will. Bruno Biber steht also im Fall 64 sowohl das Obst, als auch das Heu und der Erlös aus dem Verkauf von Obst und Heu zu. Wir erinnern uns an Fall 40 und daran, dass die Anspruchsgrundlage für die Herausgabe des Erlöses § 816 I BGB ist.

Fall 65

Wie Fall 63, aber irgendwann ist es Bruno Biber zu viel Arbeit, so dass er Buchhändler Büchner einen Nießbrauch an der Streuobstwiese einräumen will. Geht das?

Wir schauen uns die Übersicht 13 an und stellen fest, dass der Nießbrauch unübertragbar und unvererblich ist.

Wenn wir die Regeln der §§ 1030–1089 BGB genau lesen, stoßen wir auch auf die Rechtsgrundlage: Gemäß § 1059 S. 1 BGB kann der Nießbrauch nicht übertragen werden.

Im Fall 65 kann Bruno Biber Buchhändler Büchner also keinen Nießbrauch an der Streuobstwiese einräumen.

Fall 66

Wie Fall 64. Bruno Biber räumt aber Buchhändler Büchner keinen Nießbrauch an der Streuobstwiese sondern verpachtet die Streuobstwiese an Büchner? Den Pachtzins behält Bruno Biber. Darf Bruno Biber das?

Es stellt sich die Frage, ob das Verpachten der Streuobstwiese im Fall 66 ein Fall der Übertragung des Nießbrauchs gemäß § 1059 S. 1 BGB ist. Wir lesen § 1059 BGB ganz genau und stellen fest, dass es noch einen Satz 2 gibt, wonach die Ausübung des Nießbrauchs einem anderen überlassen werden darf.

Das Verpachten der Streuobstwiese stellt solch eine schuldrechtliche Überlassung gemäß § 1059 S. 2 BGB dar.

Bruno Biber darf im Fall 66 die Streuobstwiese also auch seinerseits an Büchner verpachten. Er darf auch den Pachtzins behalten, denn auch das Vermieten oder Verpachten stellt das Ziehen von Nutzungen dar.

Fall 67
Emil Ehrlich hat Bruno Biber schon lange einen Nießbrauch an seiner Streuobstwiese eingeräumt. Er ärgert sich, als er erfährt, dass Bruno Biber die Streuobstwiese an Buchhändler Büchner verpachtet und verlangt deshalb die Streuobstwiese von Bruno Biber heraus. Zu Recht?

Emil Ehrlich kann die Streuobstwiese nur dann von Bruno Biber herausverlangen, wenn dieser kein Recht zum Besitz hat. Ein solches Besitzrecht räumt das BGB aber mit § 1036 I BGB (lesen!) dem Nießbraucher ein.

Im Fall 67 kann Bruno Biber sich auf sein Besitzrecht aus § 1036 I BGB berufen; Emil Ehrlich kann die Streuobstwiese nicht herausverlangen.

Grunddienstbarkeit

Vom Nießbrauch zu unterscheiden ist die Grunddienstbarkeit gemäß §§ 1018–1029 BGB.

Leitsatz 38

Inhalt der Grunddienstbarkeit

Der gesetzliche Inhalt der Grunddienstbarkeit ergibt sich aus § 1018 BGB. Danach gewährt eine Grunddienstbarkeit ein **einzelnes, genau bestimmtes Nutzungsrecht** an einem Grundstück.

Berechtigter einer Grunddienstbarkeit ist also anders als beim Nießbrauch nicht eine bestimmte Person, sondern der jeweilige Eigentümer eines bestimmten Grundstücks. Wir erinnern uns wieder an Lektion 2 und § 96

BGB. Danach ist die Grunddienstbarkeit Bestandteil des Grundstücks. Daraus ergibt sich, dass die Grunddienstbarkeit nicht isoliert übertragen werden kann.

Aus § 1018 BGB ergeben sich drei Möglichkeiten, die durch eine Grunddienstbarkeit gesichert werden können:

- ein Recht zur Benutzung des Grundstücks
- ein Verbot bestimmter Handlungen auf dem Grundstück
- der Ausschluss nachbarrechtlicher Rechte

Merke: *Mit einer Grunddienstbarkeit kann der Grundstückseigentümer nicht zur Vornahme bestimmter Handlungen verpflichtet werden.*

Grunddienstbarkeiten tauchen in den verschiedensten Variationen auf. Die bekanntesten sind wohl:

- Wasser, Strom-, Gas- Telefonleitungsrecht
- Kies- und Sandgewinnungsrechte
- Bauverbote und Baubeschränkungen
- Wegerechte
- Duldung von Immissionen

Da die Grunddienstbarkeit ein Grundstücksrecht ist, entsteht sie nach § 873 BGB durch Einigung und Eintragung im Grundbuch. Im Grundbuch muss der Inhalt der Grunddienstbarkeit mindestens grob umrissen angegeben sein, also z.B. „Wegerecht".

Fall 68

Emil Ehrlich ist Eigentümer einer Streuobstwiese und eines Gartengrundstücks. Er beabsichtigt, seine Streuobstwiese an Bruno Biber zu veräußern. Allerdings will er sicherstellen, dass auf der Streuobstwiese nicht gebaut wird. Bruno Biber ist mit dieser Regel einverstanden. Was müssen Emil Ehrlich und Bruno Biber tun?

Emil Ehrlich und Bruno Biber können im Fall 68 eine Grunddienstbarkeit gemäß § 1018 BGB des Inhalts vereinbaren, dass Bruno Biber auf diesem Grundstück nicht bauen darf, also ein Bauverbot auf der Streuobstwiese besteht. Über dieses Bauverbot müssen sich, damit es wirksam wird, Emil Ehrlich und Bruno Biber gemäß § 873 BGB einigen und es muss die Eintragung des Bauverbotes auf der Parzelle, auf der sich die Streuobstwiese befindet, ins Grundbuch erfolgen.

Fall 69

Wie Fall 58. Das Bauverbot ist im Grundbuch eingetragen. Nach einiger Zeit will Bruno Biber die Streuobstwiese verkaufen. Buchhändler Büchner hat großes Interesse. Allerdings will er sich nicht festlegen, ob er nicht irgendwann auf diesem Grundstück bauen will. Bruno Biber erklärt Büchner, dass das Bauverbot durch den Verkauf untergeht, wenn er es nicht überträgt.

Hat Bruno Biber recht?

Bruno Biber irrt sich im Fall 69 ganz gewaltig. Das Bauverbot ist eine Grunddienstbarkeit und die Grunddienstbarkeit ist grundstücksbezogen. Der Verkauf des Grundstücks an Buchhändler Büchner hat keinerlei Auswirkungen auf den Bestand des Bauverbots.

Das Bauverbot fällt erst dann weg, wenn Emil Ehrlich gemäß § 876 I BGB (unbedingt lesen!) erklärt, dass er diese Grunddienstbarkeit aufgibt.

Fall 70

Wie Fall 68. Emil Ehrlich will nun sicherstellen, dass die Streuobstwiese eine Streuobstwiese bleibt und deshalb Bruno Biber verpflichten, die Wiese immer in ihrem derzeitigen Zustand zu erhalten. Er möchte eine entsprechende Grunddienstbarkeit eingetragen haben. Geht das?

Wir schauen wieder einmal ins Gesetz, nämlich in § 1018 BGB. Aus § 1018 BGB ergeben sich die drei oben dargelegten Möglichkeiten, die durch eine Grunddienstbarkeit gesichert werden können, nämlich die Möglichkeit:

▶ ein Recht zur Benutzung des Grundstücks einzuräumen

- ein Verbot bestimmter Handlungen auf dem Grundstück zu vereinbaren

- den Ausschluss nachbarrechtlicher Rechte zu vereinbaren

Und wir erinnern uns, dass es nach § 1018 BGB gerade nicht möglich ist, ein positives Tun zu verlangen.

Für Fall 70 bedeutet das, dass keine Grunddienstbarkeit des Inhalts eingetragen werden kann, dass Bruno Biber die Wiese in ihrem derzeitigen Zustand erhält.

Beschränkt persönliche Dienstbarkeit

Als Drittes beschäftigen wir uns jetzt bei den Dienstbarkeiten mit der beschränkt persönlichen Dienstbarkeit gemäß §§ 1090 – 1093 BGB.

Leitsatz 39

Inhalt der beschränkt persönlichen Dienstbarkeit

Eine beschränkt persönliche Dienstbarkeit gewährt gemäß § 1090 I BGB ein **einzelnes, genau bestimmtes Nutzungsrecht** an einem Grundstück.

Die beschränkt persönliche Dienstbarkeit hat somit an sich die gleichen Rechtsfolgen wie eine Grunddienstbarkeit, jedoch mit der Maßgabe dass sie personenbezogen und nicht grundstücksbezogen ist. Diesen weitgehenden Gleichlauf der beschränkt persönlichen Dienstbarkeit und der Grunddienstbarkeit erkennt man auch daran, dass in § 1090 II BGB auf die Vorschriften zur Grunddienstbarkeit Bezug genommen wird.

Daneben hat die beschränkt persönliche Dienstbarkeit aber auch Elemente des Nießbrauchs: Sie ist personenbezogen und gemäß § 1092 BGB weder veräußerlich noch vererblich.

 **Fall 71**

Emil Ehrlich ist Eigentümer einer Streuobstwiese und eines Gartengrundstücks. Die Streuobstwiese ist nur über das Gartengrundstück zu erreichen. Emil Ehrlich will seine Streuobstwiese an Bruno Biber veräußern, der natürlich sichergestellt haben will, dass er seine Wiese dann auch erreichen kann. Emil Ehrlich ist mit einem Wegerecht einverstanden, möchte seinerseits aber sicherstellen, dass nur Bruno Biber über sein Gartengrundstück geht und Bruno Biber nicht Dritten erlauben darf, den Weg zu nutzen. Dieses Wegerecht soll bei einem Weiterverkauf der Streuobstwiese durch Bruno Biber dann auch nicht weiter bestehen.

Was tun?

Die Eintragung einer Grunddienstbarkeit in der Form eines Wegerechts wird im Fall 69 nicht den Interessen von Emil Ehrlich gerecht, weil es grundstücksbezogen ist, also auch bei einem Weiterverkauf der Streuobstwiese zugunsten des neuen Eigentümers bestehen bleibt und Emil Ehrlich sich nicht aussuchen kann, wer über sein Gartengrundstück geht.

Im Fall 71 können Emil Ehrlich und Bruno Biber aber die Eintragung einer beschränkt persönlichen Dienstbarkeit in Form eines Wegerechts vereinbaren und die Eintragung ins Grundbuch zugunsten von Bruno Biber beantragen.

Denn wir erinnern uns: Die beschränkt persönliche Dienstbarkeit

- ▶ ist personenbezogen
- ▶ ist nicht übertragbar
- ▶ darf gemäß § 1092 I S. 2 BGB nur mit Gestattung des Verpflichteten übertragen werden

Fall 72

Emil Ehrlich ist Eigentümer eines Streuobstwiese, auf der auch ein kleines Häuschen steht. Weil Bruno Biber sich schon seit Jahren hingebungsvoll um die Streuobstwiese kümmert und ihm gerade seine Wohnung gekündigt wurde, vereinbaren Emil Ehrlich und Bruno Biber, dass Bruno Biber bis an sein Lebensende in dem Häuschen wohnen darf. Bruno Biber möchte, nach den Erfahrungen mit der gerade gekündigten Wohnung, natürlich eine Sicherheit haben.

Was können Emil Ehrlich und Bruno Biber sachenrechtlich vereinbaren?

Emil Ehrlich und Bruno Biber können im Fall 72 ein Wohnungsrecht an dem Häuschen zugunsten von Bruno Biber gemäß § 1093 BGB ins Grundbuch eintragen lassen.

Das Wohnungsrecht gemäß § 1093 BGB ist ein Sonderfall der beschränkt persönlichen Dienstbarkeit.

> **Leitsatz 40**
>
> **Inhalt des Wohnungsrechts**
>
> Ein Wohnungsrecht gemäß § 1093 BGB beinhaltet
> - ein **ausschließliches Nutzungsrecht** des Berechtigten an einem genau bestimmten Gebäude oder Gebäudeteil (§ 1093 I S. 1 BGB),
> - ein Recht zum **Besitz** (§§ 1093 I S. 2, 1036 I BGB),
> - das Recht, die eigene **Familie** aufzunehmen (§ 1093 II BGB).
>
> Ein Wohnungsrecht gemäß § 1093 BGB
> - ist **nicht** übertragbar und
> - erlischt spätestens mit dem **Tod** des Berechtigten.

Im Wohnungsrecht kommt das sachenrechtliche Abstraktionsprinzip sehr gut zum Vorschein. Egal, ob es einen Mietvertrag gibt oder nicht, mit der Eintragung des Wohnungsrechts ins Grundbuch hat der Berechtigte ein dinglich gesichertes Recht, das unabhängig von jeglicher schuldrechtlicher Vereinbarung über die Nutzung der Wohnung ist.

Lektion 12: Vorkaufsrecht und Reallast

Vorkaufsrecht

Von entscheidender Bedeutung ist das dingliche Vorkaufsrecht nach § 1094 BGB. Dankenswerterweise gibt uns das BGB auch hier wieder in § 1094 I BGB einen Überblick über den Inhalt des dinglichen Vorkaufsrechts.

Leitsatz 41

Inhalt des dinglichen Vorkaufsrechts

Das dingliche Vorkaufsrecht nach § 1094 BGB berechtigt denjenigen, zu dessen Gunsten es ins Grundbuch eingetragen ist, dem Eigentümer gegenüber zum **Vorkauf**.

Fall 73

Emil Ehrlich hat seine Streuobstwiese schon seit Jahren an Bruno Biber verpachtet, der sie mit Hingabe bewirtschaftet. Bruno Biber weiß, dass Buchhändler Büchner sich für die Streuobstwiese interessiert und befürchtet, dass Emil Ehrlich die Streuobstwiese an Büchner verkaufen könnte. Emil Ehrlich erklärt zwar Bruno Biber, dass er derzeit überhaupt nicht verkaufen will, aber Bruno Biber will sich gerne absichern, dass Emil Ehrlich die Streuobstwiese nicht am Ende doch an jemand anderen verkauft. Emil Ehrlich ist einverstanden.

Was tun?

Emil Ehrlich kann gemäß § 1094 I BGB zugunsten von Bruno Biber nach § 873 BGB durch Einigung und Eintragung ein Vorkaufsrecht ins Grundbuch eintragen lassen.

Die Eintragung eines Vorkaufsrechts bewirkt, dass der Berechtigte das belastete Grundstück zu den Bedingungen erwerben kann, zu denen es der Verpflichtete an einen Dritten veräußert hat.

Wenn nun Emil Ehrlich im Fall 71 die Streuobstwiese an Buchhändler Büchner (oder einen anderen) verkauft, ist Bruno Biber berechtigt, zu genau den Bedingungen, die Emil Ehrlich mit Büchner vereinbart hat, die Streuobstwiese selbst zu kaufen.

Fall 74

Wie Fall 72. Zugunsten von Bruno Biber wird ein Vorkaufsrecht für die Streuobstwiese ins Grundbuch eingetragen. Emil Ehrlich verkauft seine Streuobstwiese tatsächlich an Buchhändler Büchner und Büchner wird als Eigentümer ins Grundbuch eingetragen. Was muss Bruno Biber jetzt tun?

Zur Ausübung des Vorkaufsrechts muss Bruno Biber im Fall 74 Emil Ehrlich gegenüber erklären, dass er die Streuobstwiese kauft. Dadurch kommt nach §§ 1098 I, 463, 464 BGB ein Kaufvertrag zwischen Emil Ehrlich und Bruno Biber zu den Bedingungen zustande, die Emil Ehrlich mit Buchhändler Büchner vereinbart hat.

Wir erinnern uns an Lektion 8 und die Regeln über den Erwerb eines Grundstücks. Eigentümer der Streuobstwiese ist Bruno Biber jetzt also immer noch nicht; er hat lediglich einen Anspruch auf Übereignung der Streuobstwiese.

Nun ist guter Rat teuer. Trotz Ausübung des dinglichen Vorkaufsrechts ist Bruno Biber im Fall 74 immer noch nicht Eigentümer der geliebten Streuobstwiese.

Wir werfen erneut einen Blick ins Gesetz und stoßen auf § 1098 BGB, in dem die Wirkung des Vorkaufsrechts geregelt ist. Aus § 1098 II BGB ergibt sich, dass das Vorkaufsrecht dem Dritten, also Buchhändler Büchner, gegenüber die Wirkung einer Vormerkung zur Sicherung des Rechts auf Übertragung des Eigentums hat.

Wir kommen dem Ergebnis jetzt schon näher und erinnern uns noch einmal an Lektion 8.

Die Wirkung der Vormerkung ergibt sich aus § 883 II BGB. Die Übereignung der Streuobstwiese an Büchner im Fall 74 ist Bruno Biber gegenüber nach § 883 II BGB unwirksam (relative Unwirksamkeit).

Wie kommt Bruno Biber aber im Fall 74 nun zu seiner Eintragung ins Grundbuch?

Bruno Biber muss jetzt Emil Ehrlich zur Auflassung der Streuobstwiese an ihn auffordern und Buchhändler Büchner gemäß § 888 I BGB zur Bewilligung der Eintragung und Herausgabe der Streuobstwiese.

Zu beachten ist dabei noch § 1100 BGB, wonach der neue Eigentümer, im Fall 74 also Buchhändler Büchner, berechtigt ist, die Zustimmung zur Eintragung von Bruno Biber so lange zu verweigern, bis er den Kaufpreis zurückerstattet bekommen hat.

Neben dem dinglichen Vorkaufsrecht gibt es auch noch gesetzlich bestellte Vorkaufsrechte, etwa zugunsten des Staates oder der entsprechenden Gemeinde. Dabei existieren verschiedenen Motive für die Einrichtung derartiger gesetzlicher Vorkaufsrechte. Zu denken ist etwa an die Umsetzung von städteplanerischen Aspekten oder zur Unterstützung von Denkmal- oder Naturschutz. Die Ausübung eines solchen gesetzlichen Vorkaufsrechts erfolgt dann nach den gleichen Grundsätzen wie die des dinglichen Vorkaufsrechts. In der Praxis nicht unbekannt ist aber auch ein regelmäßiger Verzicht von Gemeindeseite bei gleichzeitiger Erhebung einer beträchtlichen Gebühr.

Diese gesetzlichen Vorkaufsrechte der Gemeinden finden wir z.B. in den §§ 24, 25 BauGB. Es gibt aber auch im BGB gesetzliche Vorkaufsrechte, z.B. in § 577 BGB für den Mieter und in § 2034 BGB für die Miterben.

Reallast

Zum Abschluss dieser Lektion schauen wir uns jetzt noch die Reallast gemäß § 1105 BGB an.

Leitsatz 42

Inhalt der Reallast

Bei einer Reallast gemäß § 1105 BGB hat der Berechtigte einen dinglich gesicherten Anspruch auf **wiederkehrende Leistungen** aus dem Grundstück.

Die Reallast wird nach § 873 BGB durch Einigung und Eintragung ins Grundbuch bestellt. Sie kann gemäß § 1105 I BGB sowohl für eine bestimmte Person als auch gemäß § 1105 II BGB für den jeweiligen Eigentümer eines anderen Grundstücks bestellt werden.

Fall 75

Bruno Biber kümmert sich seit Jahren um die Streuobstwiese von Emil Ehrlich und durfte das von ihm geerntete Obst behalten. Jetzt schafft er die Pflege der Streuobstwiese gesundheitlich nicht mehr. Emil Ehrlich will als Dank für die langjährige Arbeit sicherstellen, dass Bruno Biber bis an sein Lebensende in den Genuss des Obstes der Streuobstwiese kommt.

Was tun?

Emil Ehrlich kann im Fall 75 einen Vertrag mit Bruno Biber schließen, nach dem diesem als Dank für die jahrelange Pflege der Streuobstwiese auch zukünftig das Obst zustehen soll und in dem sich Emil Ehrlich weiter verpflichtet, gemäß § 1105 BGB zugunsten von Bruno Biber eine Reallast auf seiner Streuobstwiese ins Grundbuch eintragen lassen, die genau den Inhalt hat, dass Bruno Biber das auf der Streuobstwiese geerntete Obst zusteht. Dann muss nur noch die Eintragung dieser Reallast beantragt und die Reallast ins Grundbuch eingetragen werden.

Beachte: *Die Reallast muss einen schuldrechtlichen Rechtsgrund haben, der den Verpflichteten zur Bestellung der Reallast verpflichtet.*

In der Praxis werden Reallasten häufig für die Sicherung der Altersversorgung eingesetzt. Der Alteigentümer übergibt das Grundstück z.B. an seinen Sohn, behält sich aber eine Versorgungsrente oder auch eine Pflegeleistung vor.

Lektion 13: Hypothek

Grundpfandrechte

Wir kommen nun zu einem der schwierigsten Rechtsinstitute des Sachenrechts, den Grundpfandrechten. Und es geht schon los: Im BGB finden wir an keiner Stelle den Begriff der Grundpfandrechte. Was verbirgt sich also hinter diesem Begriff?

> **Leitsatz 43**
>
> **Begriff der Grundpfandrechte**
>
> „Grundpfandrechte" ist eine Sammelbezeichnung und beinhaltet:
>
> ▶ **Hypotheken**
> ▶ **Grundschulden**
> ▶ **Rentenschulden**
>
> Grundpfandrechte dienen der dinglichen Sicherheit von **Geldforderungen**.

Dingliche Sicherheit bedeutet, dass der Schuldner aus dem Grundpfandrecht nicht eine Zahlung aus dem belasteten Grundstück schuldet, sondern vielmehr der Verwertung seines Grundstücks zum Zweck der Tilgung eines bestimmten Geldbetrages zustimmen muss. Man kann also sagen, dass die Grundpfandrechte beschränkt dingliche Verwertungsrechte sind.

Auch bei den Grundpfandrechten gelten die Grundsätze des Sachenrechts, die wir schon aus Lektion 1 kennen, vor allem die Grundsätze der

▶ Spezialität und der

▶ Publizität

Spezialität heißt, dass mit einem Grundpfandrecht nur ein genau bezeichnetes Grundstück für einen genau bestimmten (oder bestimmbaren)

Geldbetrag belastet werden kann. Publizität bedeutet, dass für das Entstehen jeden Grundpfandrechts gemäß § 873 BGB die Eintragung ins Grundbuch erforderlich ist oder die Ausstellung eines Grundschuldbriefs, der als „verlängerter Arm" des Grundbuchamts anzusehen ist.

So weit die allgemeinen Erläuterungen.

Obwohl in der Praxis die Grundschuld viel häufiger vorkommt, halten wir uns ans BGB und gehen in der vom BGB gewählten Reihenfolge vor: Zuerst befassen wir uns mit der Hypothek, dann mit der Grundschuld und am Schluss kurz mit der Rentenschuld. Und danach werden wir dann feststellen, warum im heutigen Wirtschaftsleben die Grundschuld die Hypothek fast vollständig verdrängt hat.

Würde das BGB heute verfasst, dann würde mit Sicherheit die Grundschuld umfassend und an erster Stelle geregelt und dann bei der Hypothek auf die Regeln über die Grundschuld verwiesen und die Abweichungen gesondert geregelt werden. Da das BGB aber am 1.1.1900, also vor weit über 100 Jahren in Kraft getreten ist, sind Hypothek und Grundschuld genau in der anderen Reihenfolge geregelt, nach der Bedeutung, die diese Rechtsinstitute damals hatten.

Grundlagen der Hypothek

Die Hypothek ist in den §§ 1113 – 1190 BGB geregelt. Wir lesen § 1113 BGB, der mit „gesetzlicher Inhalt der Hypothek" überschrieben ist und erkennen das Wesen der Hypothek:

Leitsatz 44

Definition der Hypothek

Die Hypothek ist ein beschränkt dingliches Verwertungsrecht an einem Grundstück. Sie hängt in ihrem **Bestand von der zu sichernden Forderung** ab, sie ist also akzessorisch.

Akzessorietät bedeutet, dass Forderung und Hypothek untrennbar verbunden sind; ohne Forderung gibt es keine Hypothek. Das spiegelt sich auch in § 1153 BGB (lesen!) wieder, wonach

- mit der Übertragung der Forderung die Hypothek auf den neuen Gläubiger übergeht (§ 1153 I BGB) und

- die Forderung nicht ohne die Hypothek und die Hypothek nicht ohne die Forderung übertragen werden kann (§ 1153 II BGB).

Das BGB kennt zwei Arten von Hypotheken:

- die Verkehrshypothek

- die Sicherungshypothek

Aus § 1184 BGB lässt sich ersehen, dass die Verkehrshypothek für das BGB der Regelfall ist.

Die Verkehrshypothek taucht gemäß § 1116 BGB wiederum in zwei Arten auf:

- als Briefhypothek

- als Buchhypothek

wobei für das BGB die Briefhypothek der Regelfall ist. Als Schaubild sieht das dann wie folgt aus:

Hypothek		
Verkehrshypothek (Regelfall)		**Sicherungshypothek**
Briefhypothek (Regelfall)	**Buchhypothek**	

Bestellung einer Hypothek

Beginnen wir mit der Verkehrshypothek, weil sie für das BGB der Regelfall ist.

Gemäß § 1113 BGB muss nun der Reihe nach geprüft werden:

▶ Was kann mit einer Hypothek belastet werden?

▶ Was kann mit einer Hypothek gesichert werden?

▶ Wie wird eine Hypothek bestellt?

§§ 1113, 1114 BGB beantworten uns die erste Frage: Grundstücke, grundstücksgleiche Rechte, wie z.B. ein Erbbaurecht (§ 11 ErbbauRG), sowie Anteile an einer Bruchteilsgemeinschaft können mit einer Hypothek belastet werden.

§§ 1113, 1115 BGB beantworten uns die zweite Frage: Mit der Hypothek kann eine Geldforderung, die summenmäßig bestimmt ist, gesichert werden. Diese Geldforderung kann nach § 1113 II BGB auch zukünftig oder bedingt sein.

Summenmäßig bestimmt bedeutet, dass

▶ der Gläubiger der Forderung

▶ der Schuldner der Forderung

▶ und die geschuldete Geldsumme

bestimmt sein müssen.

Fall 76
Emil Ehrlich ist Eigentümer eines Gartengrundstücks, auf dem er ein Wochenendhaus bauen will. Dazu fehlen ihm aber 50.000 Euro. Er weiß noch nicht, wer ihm diesen Betrag zur Verfügung stellen könnte, überlegt aber, dass er ja schon einmal eine Hypothek über 50.000 Euro auf seinem Gartengrundstück eintragen lassen könnte, um dann vielleicht schnell ein Darlehen zu bekommen.

Kann Emil Ehrlich sein Grundstück mit einer Hypothek über 50.000 Euro belasten?

Wir schauen uns noch einmal die §§ 1113, 1115 BGB an und stellen fest, dass im Fall 76 nicht alle Voraussetzungen für eine Hypothek erfüllt sind. Es sind zwar das Grundstück, der Schuldner, nämlich Emil Ehrlich, und die Summe der Forderung, 50.000 Euro, bekannt, aber weder besteht bisher eine Forderung in dieser Höhe, noch ist der Gläubiger der Forderung, also der Darlehensgeber bekannt. Im Fall 74 kann das Gartengrundstück also nicht mit einer Hypothek belastet werden.

Emil Ehrlich könnte aber eine Eigentümergrundschuld nach § 1196 BGB bestellen (mehr dazu in Lektion 14).

Fall 77
Wie Fall 76. Emil Ehrlich erhält einen Kredit der Bücherwurm-Bank über 50.000 Euro. Der Bücherwurm-Bank ist aber das Gartengrundstück nicht werthaltig genug; sie möchte eine Absicherung über die daneben gelegene Streuobstwiese, die zwischenzeitlich im Eigentum von Bruno Biber steht. Bruno Biber wäre bereit, dass die Hypothek an seiner Streuobstwiese bestellt wird.

Geht das?

Wir schauen uns wieder die §§ 1113, 1115 BGB an und stellen fest, dass der Schuldner der Forderung und der Eigentümer des Grundstücks nicht identisch sein müssen.

Da auch die übrigen Voraussetzungen für die Bestellung einer Hypothek vorliegen, kann im Fall 75 auf Bruno Bibers Streuobstwiese eine Hypothek zur Sicherung des Anspruchs der Bücherwurm-Bank gegen Emil Ehrlich aus dem Darlehen über 50.000 Euro bestellt werden.

Jetzt kommen wir zur dritten Frage, nämlich dazu, wie eine Hypothek bestellt wird. Wir beginnen – wie so oft – mit einem Blick ins Gesetz und zwar in § 1116 BGB. Wir haben bereits oben festgestellt, dass für das BGB nach § 1116 I BGB die Briefhypothek der Regelfall ist.

Bei der Briefhypothek wird gemäß § 1116 I BGB ein Hypothekenbrief erteilt.

Der Hypothekenbrief wird gemäß §§ 56, 60 GBO (unbedingt nachlesen!) nach der Eintragung der Hypothek vom Grundbuchamt angefertigt und dem Eigentümer des Grundstücks übergeben.

Der Hypothekenbrief muss:

- die Bezeichnung als Hypothekenbrief enthalten
- den Geldbetrag der Hypothek bezeichnen
- das belastete Grundstück bezeichnen
- mit Unterschrift und Siegel oder Stempel versehen sein

Der Eigentümer muss dann gemäß § 1117 I BGB den Hypothekenbrief an den Gläubiger übergeben.

Leitsatz 45
Bestellung einer Briefhypothek

Eine Briefhypothek entsteht durch Einigung und Eintragung nach § 873 BGB **und** Übergabe des Hypothekenbriefs nach § 1117 BGB.

 Fall 78

Emil Ehrlich erhält einen Kredit der Bücherwurm-Bank über 50.000 Euro, zum Bau seines Wochenendhauses, gesichert durch einen Hypothek zugunsten der Bücherwurm-Bank auf seinem Gartengrundstück. Zur Vereinfachung einigen sich die Bücherwurm-Bank und Emil Ehrlich, dass das Grundbuchamt nicht Emil Ehrlich den Hypothekenbrief übergibt und Emil Ehrlich diesen dann an die Bücherwurm-Bank weiterreicht, sondern das Grundbuchamt den Hypothekenbrief direkt der Bücherwurm-Bank aushändigt.

Geht das?

Wir wagen erneut einen Blick ins Gesetz und finden dort in § 1117 II BGB die Lösung. Danach kann die Übergabe des Hypothekenbriefs durch eine Vereinbarung ersetzt werden, dass der Gläubiger sich den Hypothekenbrief direkt vom Grundbuchamt aushändigen lassen kann.

Die Vereinbarung von Emil Ehrlich und der Bücherwurm-Bank im Fall 78 ist daher zulässig.

Eine solche sog. Aushändigungsabrede ist sogar der Regelfall. Sie ist formfrei möglich und ist meistens schon im Darlehensvertrag enthalten. Gemäß § 60 II GBO ist bei einer solchen abweichenden Bestimmung § 29 I S. 1 GBO anzuwenden, wonach Erklärungen durch öffentliche oder öffentlich beglaubigte Urkunden nachgewiesen werden müssen. Die Aushändigungsabrede ist daher in aller Regel im Eintragungsantrag enthalten.

Wie wird nun eine Buchhypothek bestellt?

Hier hilft uns § 1116 II BGB weiter, den wir lesen.

Leitsatz 46

Bestellung einer Buchhypothek

Eine Buchhypothek entsteht durch Einigung und Eintragung nach § 873 BGB **und** gemäß § 1116 II BGB durch eine Einigung der Parteien darüber, dass die Erteilung eines Hypothekenbriefs ausgeschlossen ist **und** der Ausschluss im Grundbuch eingetragen wird.

Beachte: Nach § 1116 III BGB kann eine Briefhypothek in eine Buchhypothek und eine Buchhypothek in eine Briefhypothek umgewandelt werden.

Eintragung einer Hypothek

Wir wenden uns jetzt der Frage der Einigung und Eintragung gemäß § 873 BGB und hier der Frage zu, was ins Grundbuch eingetragen werden muss.

Diese Frage beantwortet uns § 1115 BGB, den wir zunächst lesen und ihn für uns zusammenfassen. Haben Sie sich auch folgenden Leitsatz extrahiert?

Leitsatz 47

Eintragung einer Hypothek

Im Grundbuch **müssen** gemäß § 1115 BGB eingetragen werden:

- der **Gläubiger**
- der **Geldbetrag** der Forderung
- der **Zinssatz**
- der Geldbetrag weiterer **Nebenleistungen**

Aus dem Leitsatz 47 entnehmen wir, dass weder der Schuldner noch die Bezeichnung der Forderung im Grundbuch eingetragen werden müssen. Gemäß § 1115 I BGB kann insoweit Bezug auf die Eintragungsbewilligung genommen werden. In der Eintragungsbewilligung müssen diese Punkte also enthalten sein.

Abtretung einer Hypothek

Fall 79

Emil Ehrlich ist Eigentümer eines Gartengrundgrundstücks, auf dem er ein Wochenendhaus bauen will. Dazu fehlen ihm aber 50.000 Euro. Bruno Biber ist bereit ihm ein entsprechendes Darlehen zu gewähren, wenn dieses über eine Briefhypothek gesichert ist. Emil Ehrlich ist einverstanden, die Hypothek wird bestellt und der Hypothekenbrief Bruno Biber ausgehändigt. Einige Jahre später benötigt Bruno Biber seinerseits ein Darlehen. Er kommt auf die Idee, die zu seinen Gunsten am Grundstück von Emil Ehrlich bestehende Hypothek als Sicherheit einzusetzen. Die Bücherwurm-Bank, die ihm ein Darlehen gewähren würde, ist damit einverstanden.

Kann Bruno Biber die Hypothek übertragen und, wenn ja, wie?

Wir erinnern uns an den Grundsatz der Akzessorietät in § 1153 II BGB, wonach die Forderung nicht ohne die Hypothek und die Hypothek nicht ohne die Forderung übertragen werden kann.

Diesen Grundsatz setzt das BGB in § 1154 I S. 1 BGB fort, wonach nicht die Hypothek übertragen werden kann, sondern die Forderung abgetreten wird. Aufgrund der Akzessorietät führt die Abtretung der Forderung gemäß § 1153 I BGB dazu, dass mit der Forderung dann auch die Hypothek auf den neuen Gläubiger übergeht.

Als Zwischenergebnis halten wir im Fall 79 fest, dass Bruno Biber nicht einfach den Hypothekenbrief an die Bücherwurm-Bank weiterreichen kann, sondern die Forderung gegen Emil Ehrlich an die Bücherwurm-Bank abtreten muss, damit dann auch die Hypothek auf die Bücherwurm-Bank übergeht.

Es stellt sich nun nicht nur die Frage, in welcher Form die Abtretung der Forderung erfolgen muss, sondern auch die weitere Frage, was mit dem Hypothekenbrief passiert.

Die erste Frage, nämlich die Form der Abtretung, ist leicht zu beantworten: Gemäß § 1154 I BGB wird die Forderung – formlos – abgetreten.

Die Antwort auf die zweite Frage, was mit dem Hypothekenbrief passiert ist eigentlich ganz logisch: Es muss gemäß § 1154 I BGB der Hypothekenbrief an den neuen Gläubiger übergeben werden.

Wirksam wird die Übertragung aber gemäß § 1154 II BGB erst dann, wenn

▶ entweder die Abtretung ins Grundbuch eingetragen wird

▶ oder die Abtretungserklärung schriftlich erfolgt.

Wir halten im Fall 79 also fest, dass Bruno Biber entweder die Forderung gegen Emil Ehrlich schriftlich an die Bücherwurm-Bank abtreten muss oder die Abtretung der Forderung an die Bücherwurm-Bank ins Grundbuch eingetragen wird und Bruno Biber den Hypothekenbrief an die Bücherwurm-Bank übergibt.

Beachte: *Gemäß § 1154 I S. 2 BGB kann der neue Gläubiger vom bisherigen Gläubiger verlangen, dass die Abtretungserklärung nicht nur schriftlich erfolgt, sondern öffentlich beglaubigt wird.*

Fall 80

Wie Fall 79. Allerdings handelt es sich bei der Hypothek zugunsten von Bruno Biber um eine Buchhypothek.

Wir müssen auch hier das Akzessorietätsprinzip beachten.

Zuerst wird die Forderung, die Bruno Biber gegen Emil Ehrlich hat, an die Bücherwurm-Bank abgetreten. Dann geht die Hypothek mit über. Sodann gilt § 1154 III BGB, der auf die §§ 873, 878 BGB verweist.

Die Abtretung erfolgt im Fall 80 also durch Einigung und Eintragung.

Leitsatz 48

Abtretung einer Hypothek

Eine **Briefhypothek** wird entweder durch schriftliche Abtretung der Forderung **oder** durch Eintragung der Abtretung ins Grundbuch und Übergabe des Hypothekenbriefs übertragen.

Eine **Buchhypothek** wird durch Abtretung der Forderung und Eintragung der Einigung ins Grundbuch abgetreten.

Gutgläubiger Erwerb einer Hypothek

Fall 81

Emil Ehrlich ist Eigentümer eines Gartengrundgrundstücks, auf dem er ein Wochenendhaus bauen will. Dazu fehlen ihm aber 50.000 Euro. Bruno Biber ist bereit ihm ein entsprechendes Darlehen zu gewähren, wenn dieses über eine Hypothek gesichert ist. Emil Ehrlich ist einverstanden, die Hypothek wird bestellt und der Hypothekenbrief Bruno Biber ausgehändigt. Noch bevor aber Bruno Biber die 50.000 Euro an Emil Ehrlich auszahlt, tritt dieser die noch nicht entstandene Forderung mit der Hypothek an die Bücherwurm-Bank ab und übergibt den Hypothekenbrief an die Bücherwurm-Bank.

Ist die Bücherwurm-Bank jetzt Inhaberin der Forderung und der Hypothek geworden?

Wir stellen im Fall 81 zunächst einmal fest, dass es überhaupt keine Forderung von Bruno Biber gegen Emil Ehrlich gibt. Da es in den Regeln der §§ 398 ff. BGB über die Abtretung von Forderungen keinen gutgläubigen Erwerb vom Nichtberechtigten gibt, hat die Bücherwurm-Bank auch nicht die nicht bestehende Forderung gegen Emil Ehrlich über 50.000 Euro gutgläubig erworben.

Es stellt sich daher im Fall 81 die Frage nach dem Schicksal der Hypothek, von der wir wissen, dass sie akzessorisch ist.

Hier hilft uns § 1138 BGB weiter, der seinem Wortlaut nach ausdrücklich nur für die Hypothek gilt, nicht auch für die (nicht existierende) Forderung. § 1138 BGB verweist auf die Regeln der §§ 891–899 BGB. Wir erinnern uns, dass in diesen Regeln der öffentliche Glaube des Grundbuchs enthalten ist.

Im Fall 81 führt das dazu, dass die Bücherwurm-Bank die forderungslose Hypothek wirksam von Bruno Biber, dem Nichtberechtigten, erworben hat, weil Bruno Biber im Besitz des Hypothekenbriefs war.

Fall 82

Wie Fall 81, allerdings mit der Maßgabe, dass es sich um eine Buchgrundschuld handelt, also kein Hypothekenbrief vorhanden ist, die Hypothek aber im Grundbuch eingetragen ist.

Auch im Fall 82 gilt, dass ein gutgläubiger Erwerb einer Forderung nicht möglich ist, weil die §§ 398 ff. BGB keinen gutgläubigen Erwerb vom Nichtberechtigten kennen. Da aber auch hier der öffentliche Glaube des Grundbuchs gilt, hilft § 1138 BGB weiter.

Auch bei der Buchgrundschuld ist daher ein gutgläubiger Erwerb der Hypothek möglich.

Im Fall 82 erwirbt die Bücherwurm-Bank also keine hypothekarisch gesicherte Forderung gegen Emil Ehrlich, jedoch eine Hypothek.

Leitsatz 49

Gutgläubiger Erwerb einer Hypothek

Der Erwerber kann gemäß § 1138 BGB vom **Nichtberechtigten** gutgläubig eine Hypothek erwerben.

Fall 83

Was kann Emil Ehrlich in den Fällen 81 und 82 jetzt gegen die Bücherwurm-Bank machen, die eine Hypothek hat, obwohl überhaupt keine Forderung gegen Emil Ehrlich besteht?

Wir greifen auf die §§ 894, 899, 1139 BGB zurück, die wir zunächst lesen:

Gemäß § 894 BBG hat Emil Ehrlich einen Grundbuchberichtigungsanspruch gegen die Bücherwurm-Bank. Er kann außerdem zur vorläufigen Sicherung gemäß §§ 899, 1139 BGB einen Widerspruch gegen die Richtigkeit des Grundbuchs eintragen lassen, um zu verhindern, dass die Bücherwurm-Bank die Scheinhypothek weiter abtritt.

Zur Wiederholung lesen wir die Grundbuchberichtigung und den Widerspruch noch einmal in Lektion 10 nach.

Legitimation des Gläubigers

Fall 84

Emil Ehrlich ist Eigentümer eines Gartengrundgrundstücks, auf dem er ein Wochenendhaus bauen will. Dazu fehlen ihm aber 50.000 Euro. Bruno Biber gewährt ihm ein entsprechendes Darlehen. Zur Sicherheit wird eine Briefhypothek bestellt und der Hypothekenbrief Bruno Biber ausgehändigt. Kurze Zeit später tritt Bruno Biber die Forderung mit der Hypothek privatschriftlich an Buchhändler Büchner ab; dieser tritt dann Forderung und die Hypothek ebenfalls privatschriftlich an die Bücherwurm-Bank ab. Der Hypothekenbrief wurde jeweils übergeben und befindet sich nun bei der Bücherwurm-Bank. Emil Ehrlich erfährt von all diesen Abtretungen nichts. Nun fordert ihn die Bücherwurm-Bank zur Zahlung auf.

Muss Emil Ehrlich 50.000 Euro an die Bücherwurm-Bank bezahlen, wenn er an Bruno Biber noch nichts bezahlt hat?

Wir müssen zunächst einmal klären, ob die Bücherwurm-Bank die Forderung oder die Hypothek geltend macht.

Macht im Fall 84 die Bücherwurm-Bank die Forderung geltend, dann muss Emil Ehrlich sicher sein, dass die Bücherwurm-Bank auch wirklich Inhaberin der Forderung ist, damit er mit befreiender Wirkung an diese leisten kann.

Wie kann er das feststellen? Hier hilft § 1161 BGB weiter, der auf die Regel des § 1160 BGB verweist. Nach § 1161 BGB muss der Gläubiger auch dann, wenn er nur die Forderung geltend macht, gemäß § 1160 BGB dem Schuldner den Hypothekenbrief vorlegen.

Im Fall 84 hilft der Hypothekenbrief Emil Ehrlich aber nicht wirklich weiter. Im Grundbuch ist nämlich immer noch Bruno Biber als Gläubiger eingetragen, weil alle Abtretungen privatschriftlich erfolgten.

Emil Ehrlich wird also von der Bücherwurm-Bank auch die Vorlage der in § 1155 BGB genannten beglaubigten Abtretungserklärungen verlangen. Die Bücherwurm-Bank muss also im Fall 84 beglaubigte Abtretungserklärungen von Bruno Biber und Buchhändler Büchner besorgen und Emil Ehrlich vorlegen, wenn sie die Forderung geltend macht. Dann muss Emil Ehrlich die 50.000 Euro an die Bücherwurm-Bank bezahlen.

Macht im Fall 84 die Bücherwurm-Bank die Hypothek geltend, dann gilt § 1160 BGB.

Und dann haben wir genau dasselbe Ergebnis wie in dem Fall, dass die Bücherwurm-Bank die Forderung geltend macht. Die Bücherwurm-Bank muss also den Hypothekenbrief vorlegen und, wenn sie wegen privatschriftlicher Abtretungen nicht im Grundbuch eingetragen ist, auch die in § 1155 BGB genannten beglaubigten Abtretungserklärungen, damit sie von Emil ehrlich die Zahlung von 50.000 Euro verlangen kann.

Viel einfacher ist es bei einer Buchhypothek. Hier gilt gemäß §§ 1138, 891 BGB der öffentliche Glaube des Grundbuchs auch hinsichtlich der Frage, wer Inhaber der Forderung ist.

Übersicht 15: Die Legitimation des Gläubigers

	Anspruch aus der Forderung	Anspruch aus der Hypothek
Briefhypothek	§§ 1161, 1160, 1155 BGB ▶ Hypothekenbrief ▶ bei fehlender Grundbucheintragung des Gläubigers öffentlich beglaubigte Abtretungserklärungen	§§ 1160, 1155 BGB ▶ Hypothekenbrief ▶ bei fehlender Grundbucheintragung des Gläubigers öffentlich beglaubigte Abtretungserklärungen
Buchhypothek	§§ 1138, 891 BGB ▶ Grundbucheintragung	§§ 1138, 891 BGB ▶ Grundbucheintragung

Was passiert nun aber mit Einwendungen und Einreden, die der Schuldner gegen seinen Gläubiger hat, wenn dieser die Forderung abgetreten und damit die Hypothek übertragen hat?

Fall 85

Emil Ehrlich hat zur Sicherung des von Bruno Biber gewährten Darlehens eine Briefhypothek über 50.000 Euro bestellt. Vereinbarungsgemäß sollte das Darlehen am 01.07. des (fiktiven) Jahres 01 getilgt werden. Emil Ehrlich vereinbart mit Bruno Biber noch vor dem 01.07.01 eine Stundung des Darlehensrückzahlungsanspruchs bis zum 01.07.03. Bruno Biber tritt die Forderung und die Hypothek am 01.02.02 an die Bücherwurm-Bank ab. Diese weiß nichts von der Stundungsabrede und fordert Emil Ehrlich am 01.03.02 zur Zahlung auf.

Zu Recht?

Wir schauen zunächst einmal ins Gesetz und lesen § 1137 BGB. Danach kann der Grundpfandschuldner (Eigentümer) gegen die Hypothek diejenigen Einreden geltend machen, die der Schuldner aus dem Darlehen dem persönlichen Gläubiger gegenüber hat.

Im Fall 85 kann Emil Ehrlich der Bücherwurm-Bank gegenüber die Stundungsabrede mit Bruno Biber entgegen halten.

Beachte: *Nach §§ 892, 1138 BGB können solche Einreden und Einwendungen auch ins Grundbuch eingetragen oder auf dem Hypothekenbrief vermerkt werden.*

Leitsatz 50

Einwendungen und Einreden

Der **Eigentümer** kann dem **Gläubiger** die dem persönlichen Schuldner zustehenden Einreden und Einwendungen geltend machen. Diese Einreden und Einwendungen können auf dem Hypothekenbrief vermerkt oder im Grundbuch eingetragen werden.

Prüfschema 5: Erwerb einer Hypothek

1.	Liegt eine **Einigung** nach §§ 873 I, 1113 BGB vor?
2.	Ist die Hypothek nach § 1115 BGB im Grundbuch **eingetragen**?
3.	Handelt es sich um eine Briefhypothek oder eine **Buchhypothek** nach § 1116 I, II BGB? → Wenn eine Briefhypothek vorliegt: Ist der **Brief** nach §§ 1116 I, 1117 BGB **übergeben** worden?
4.	Ist der Grundstückseigentümer **Verfügungsberechtigter**? → Wenn die Verfügungsberechtigung fehlt: Ist der Erwerber der Hypothek gutgläubig nach § 892 BGB? **Guter Glaube** = Der Inhalt des Grundbuchs gilt als richtig, wenn nicht ein Widerspruch gegen die Richtigkeit eingetragen ist oder die Unrichtigkeit dem Erwerber der Hypothek positiv bekannt ist.
5.	Besteht eine zu sichernde **Forderung**? **Beachte**: Wenn keine Forderung besteht, gibt es wegen der Akzessorietät auch keine Hypothek!

| 6. | **Keine Einreden**
– gegen den Bestand der Forderung nach §§ 1160, 1163 BGB?
– des Eigentümers gegen die Forderung nach § 1137 BGB?
– des Eigentümers gegen die Hypothek nach § 1157 BGB? |

Wenn 1. – 6. (+) ➜ **wirksamer Erwerb** einer Hypothek

Hypothekenhaftung

Nachdem wir nun wissen, was eine Hypothek ist, wie sie bestellt wird und wie sie übertragen werden kann, befassen wir uns mit der Frage der Hypothekenhaftung, also der Frage, was alles von der Haftung der Hypothek erfasst wird.

Wir erinnern uns an § 1113 BGB, wonach durch die Hypothek das Grundstück belastet wird. Zum Grundstück gehören, was wir aus Lektion 2 wissen, gemäß § 94 BGB auch die wesentlichen Bestandteile. Damit nun aber der Schuldner nicht alles vom Grundstück entfernen kann, was nicht wesentlicher Bestandteil im Sinne des § 94 BGB ist und damit den Sicherungszweck der Hypothek aushöhlen kann, bestimmt das BGB in §§ 1120, 1123, 1126 und 1127 BGB weitere Positionen, die auch der Hypothekenhaftung unterliegen.

Übersicht 16: Umfang der Hypothekenhaftung

Die **Hypothekenhaftung** umfasst:	
das **Grundstück**	§ 1113 BGB
die **wesentlichen Bestandteile**	§ 94 BGB
die nicht wesentlichen Bestandteile wie **Erzeugnisse** (auch nach der Trennung vom Grundstück)	§ 1120 BGB
das **Zubehör**	§ 1120 BGB
Miet- und Pachtforderungen	§ 1123 BGB

wiederkehrende Leistungen	§ 1126 BGB
Versicherungsforderungen	§ 1127 BGB

Fall 86

Emil Ehrlich hat seine Streuobstwiese, die mit einer Hypothek zugunsten der Bücherwurm-Bank belastet ist, an Bruno Biber verpachtet. Da Emil Ehrlich seinen Zahlungsverpflichtungen gegenüber der Bücherwurm-Bank nicht mehr nachkommt, leitet die Bücherwurm-Bank die Vollstreckung aus der Hypothek ein. Bruno Biber, der Pächter, hat in der Zwischenzeit die Ernte eingebracht und diese zum Teil eingelagert, zum Teil verarbeitet, zum Teil verkauft und den Erlös auf sein Konto eingezahlt.

Was ist von der Hypothekenhaftung erfasst?

Wir schauen uns die Übersicht 16 an. Danach werden die Erzeugnisse, dazu gehört die Ernte, von der Hypothekenhaftung erfasst.

Beachte: *Im Fall 86 ist die Streuobstwiese verpachtet, so dass die Ernte gemäß § 581 I BGB Bruno Biber als Pächter zusteht; die Ernte steht insoweit im Eigentum von Bruno Biber, so dass § 1120 BGB nicht eingreift; die Bücherwurm-Bank kann nicht auf die Ernte und den Erlös daraus zugreifen.*

Im Fall 86 wird aber die Pachtforderung, die Emil Ehrlich gegenüber Bruno Biber hat, gemäß § 1123 BGB von der Hypothekenhaftung erfasst.

Nachdem wir nun wissen, was alles von der Hypothekenhaftung erfasst wird, stellt sich die weitere Frage wann und wie der Gläubiger überhaupt auf die Hypothek zugreifen kann, wie sich also die Hypothekenhaftung verwirklicht.

Zunächst einmal gilt der allgemeine Grundsatz, dass der Anspruch fällig sein muss, um ihn geltend machen zu können. Wenn eine Hypothek fällig ist, spricht man von der Pfandreife.

Beachte: *Die Fälligkeit der Forderung führt wegen der Akzessorietät der Hypothek auch zur Fälligkeit der Hypothek.*

In der Regel ergibt sich die Fälligkeit der Forderung aus dem der Hypothek zugrundeliegenden Darlehensvertrag. Nach der Fälligkeit der Forderung und damit der Hypothek müssen wir zwischen zwei Konstellationen unterscheiden:

▶ Der Schuldner oder der Eigentümer des belasteten Grundstücks, der selbst nicht Schuldner ist, bezahlt auf die Forderung.

▶ Der Schuldner bezahlt, aus welchen Gründen auch immer, nicht.

Wir unterscheiden im ersten Fall, dass auf die Forderung bezahlt wird, wieder verschiedene Fälle:

▶ Ist der Schuldner zugleich auch Eigentümer des belasteten Grundstücks und bezahlt auf die Forderung, dann erlischt gemäß § 362 I BGB die Forderung. Die Hypothek geht nach § 1163 I S. 1 BGB auf den Eigentümer über und wird gemäß § 1177 I, S. 1 BGB zur Eigentümergrundschuld.

▶ Ist der Schuldner, der auf die Forderung bezahlt, nicht Eigentümer des belasteten Grundstücks, dann wird vermutet, dass er nur auf die Forderung bezahlt. Diese erlischt gemäß § 362 I BGB. Die Hypothek geht auch nach § 1163 I S. 1 BGB auf den Eigentümer über und wird gemäß § 1177 I, S. 1 BGB ebenfalls zur Eigentümergrundschuld.

▶ Bezahlt der Eigentümer des belasteten Grundstücks, der nicht Schuldner der zugrundeliegenden Forderung ist, dann gilt § 1143 BGB. Auch wenn es langweilig ist, immer wieder daran erinnert zu werden: Lesen Sie die Vorschrift des § 1143 BGB. Gemäß § 1143 I BGB geht jetzt die Forderung auf den leistenden Eigentümer über. Da noch eine Forderung besteht, wird aus der Hypothek keine Eigentümergrundschuld wie in den vorgenannten Fällen, sondern eine Hypothek gemäß § 1173 I BGB.

Kommen wir nun zu dem nächsten Fall, dass nämlich der Schuldner trotz Eintrittes der Pfandreife nicht bezahlt.

Auch hier hat das BGB eine Lösung parat: Gemäß § 1147 BGB erfolgt die Befriedigung des Gläubigers aus dem Grundstück im Wege der Zwangsvollstreckung.

Die Zwangsvollstreckung setzt zunächst voraus, dass ein Vollstreckungstitel vorliegt.

Hierzu als Exkurs der Leitsatz 51 über die Vollstreckungstitel (lesen!!).

Leitsatz 51

Vollstreckungstitel

- rechtskräftige oder für vorläufig vollstreckbar erklärte **Endurteile**
- gerichtliche **Vergleiche**
- **Vollstreckungsbescheide**
- **Kostenfestsetzungsbeschlüsse**
- **einstweilige Anordnungen**
- **Zuschlagsbeschlüsse** im Zwangsversteigerungsverfahren
- vollstreckbare **Urkunden**

Alle Vollstreckungstitel, insbesondere auch vollstreckbare Urkunden, müssen **hinreichend bestimmt** sein und einen vollstreckungsfähigen Inhalt haben. Aus den Titeln müssen vor allem die Parteien, also Gläubiger und Schuldner, sowie Inhalt, Art und Umfang des Anspruchs ersichtlich sein.

Der im Rahmen der Hypothekenhaftung am häufigsten anzutreffende dingliche Vollstreckungstitel ist die vollstreckbare Urkunde gemäß § 794 I Nr. 5 ZPO. In der vollsteckbaren Urkunde unterwirft sich der Schuldner der sofortigen Zwangsvollstreckung in das Grundstück, d.h., dass der Gläubiger aus dieser Urkunde ohne den Nachweis des Vorliegens weiterer Voraussetzungen die Zwangsvollstreckung einleiten kann. Eine solche vollstreckbare Urkunde wird in der Regel mit der Bestellung der Hypothek erstellt.

Die Arten der Zwangsvollstreckung in ein Grundstück ergeben sich aus § 866 ZPO. Danach erfolgt die Zwangsvollstreckung durch

- Eintragung einer Sicherungshypothek für die Forderung,
- Zwangsversteigerung oder
- Zwangsverwaltung.

Dabei kommt die Eintragung einer Sicherungshypothek in der Praxis äußerst selten sich vor, weil der Gläubiger ja bereits durch eine Hypothek gesichert ist. In der Praxis erfolgt die Zwangsvollstreckung in das Grundstück in der Regel im Wege der Zwangsversteigerung.

Sicherungshypothek

Jetzt haben wir die wichtigsten Punkte der Verkehrshypothek geschafft! Wir erinnern uns, dass es neben der Verkehrshypothek noch die Sicherungshypothek gibt.

Die Sicherungshypothek ist in den §§ 1184, 1185 BGB geregelt. Sie weist einige Unterschiede zur Verkehrshypothek auf, insbesondere gilt:

- Die Sicherungshypothek ist streng akzessorisch. Darin unterscheidet sie sich von der Verkehrshypothek, die wir schon kennengelernt haben. Es gilt also ganz streng: Ohne Forderung gibt es auch keine Hypothek. § 1138 BGB, nach dem eine Verkehrshypothek auch ohne Forderung erworben werden kann, gilt gemäß § 1185 II BGB nicht.

- Die Sicherungshypothek wird durch Einigung und Eintragung nach §§ 873, 1184 II BGB bestellt, wobei sich die Einigung gerade auf die Eintragung einer Sicherungshypothek richten muss. Gemäß § 1185 I BGB ist eine Sicherungshypothek immer eine Buchhypothek.

Die Sicherungshypothek kommt vor allem als Bauhandwerkersicherungshypothek gemäß § 648 BGB und als Zwangshypothek gemäß § 867 ZPO vor.

Erlöschen der Hypothek

Zum Abschluss dieser umfangreichen Lektion über die Hypothek gehört jetzt noch eine Übersicht zum Erlöschen der Hypothek.

Übersicht 17: Erlöschen der Hypothek

Die Hypothek erlischt gemäß

- § 876 BGB → durch eine **Erklärung** des Berechtigten, dass er sein Recht aufgibt

- § 1181 BGB → durch **Befriedigung** des Gläubigers aus dem Grundstück

- § 52 I ZVG → durch **Zuschlag** in der Zwangsversteigerung, wenn es sich um ein nachrangiges Recht handelt

Lektion 14: Grundschuld

Grundschuld und Hypothek

Wir erinnern uns an den Anfang von Lektion 13, wo wir die Grundpfandrechte kennen gelernt haben. Aus Leitsatz 43 ist uns noch gut in Erinnerung, dass es sich bei der Grundschuld um ein Grundpfandrecht handelt und dass Grundpfandrechte der dinglichen Sicherheit von Geldforderungen dienen. Wir wissen auch schon, dass bei allen Grundpfandrechten die Grundsätze der Spezialität und der Priorität gelten.

Wenn wir uns da nicht mehr ganz sicher sind, lesen wir das in Lektion 13 nach.

Die Grundschuld und die Hypothek haben also durchaus manches gemeinsam, unterscheiden sich aber in einem ganz wesentlichen Punkt:

Die Hypothek ist gemäß § 1153 BGB akzessorisch; sie kann also nur zur Sicherung einer entstandenen und noch bestehenden Forderung eingesetzt werden und ist auf Gedeih und Verderb mit dieser Forderung verbunden, wenngleich es da, wie wir aus Lektion 13 wissen, bei der Verkehrshypothek die eine oder andere Lockerung vom Grundsatz der strengen Akzessorietät gibt.

Anders dagegen die Grundschuld: Hier gilt, dass die Grundschuld nicht akzessorisch ist. Das ergibt sich aus § 1192 BGB, nach dem für die Grundschuld die Vorschriften für die Hypothek gelten, soweit sich nicht daraus etwas anderes ergibt, dass die Grundschuld keine Forderung voraussetzt.

Leitsatz 52

Definition der Grundschuld

Die Grundschuld ist gemäß § 1191 BGB ein beschränkt dingliches Verwertungsrecht an einem Grundstück. Sie hängt gemäß § 1192 BGB in ihrem Bestand **nicht** vom Bestand einer Forderung ab, sie ist also **nicht** akzessorisch.

Mit der Regel des § 1192 BGB macht es sich das BGB leicht – der Anwender muss nämlich bei jeder Vorschrift über die Hypothek vor ihrer Anwendung prüfen, ob diese Vorschrift auch auf die Grundschuld anwendbar ist.

Im Folgenden erhalten Sie deshalb einen Überblick über alle diejenigen Regeln, die nicht auf die Grundschuld anwendbar sind. Im Umkehrschluss wissen sie dann, welche Vorschriften auf die Grundschuld anwendbar sind.

Versuchen Sie bei der Übersicht 18 so vorzugehen, dass Sie die Spalte „Inhalt" zunächst abdecken, die Vorschrift lesen und dann versuchen, selbst den Inhalt der Vorschrift in eigenen Worten wiederzugeben.

Übersicht 18: Nicht für Grundschuld

Nicht auf die Grundschuld anwendbare Vorschriften

Vorschrift	Inhalt
§ 1113 BGB	Die Hypothek wird für eine Geldforderung bestellt.
§ 1115 BGB	Der Geldbetrag der Forderung muss im Grundbuch eingetragen werden.
§ 1137 BGB	Einreden gegen die Forderung können auch gegen die Hypothek geltend gemacht werden.
§ 1138 BGB	Der öffentliche Glaube des Grundbuchs gilt in Ansehung der Hypothek auch für die Forderung.
§ 1139 BGB	Widerspruch gegen eine Buchhypothek unter Hinweis auf die fehlende Forderung
§ 1153 BGB	Akzessorietät (Die Forderung kann nur mit der Hypothek abgetreten werden; die Hypothek folgt der Forderung).
§§ 1163, 1177 BGB	Fehlt die Forderung, wird die Hypothek zur Eigentümerhypothek.

§§ 1165 – 1167 BGB	Regeln, die das Verhältnis zwischen dem Gläubiger und dem Schuldner wegen der Akzessorietät der Hypothek regeln
§§ 1174 – 1176 BGB	Regeln über die Gesamthypothek
§§ 1184 – 1190 BGB	Regeln über die Sicherungshypothek

Entstehung der Grundschuld

Nachdem wir durch Übersicht 18 wissen, welche Vorschriften nicht auf die Grundschuld anwendbar sind, wissen wir auch, dass alle anderen Vorschriften anwendbar sind und wenden uns der Entstehung der Grundschuld zu.

Es gibt – ganz wie bei der Hypothek – eine Buchgrundschuld und eine Briefgrundschuld.

Die Grundschuld entsteht durch Einigung und Eintragung gemäß § 873 BGB. Bei der Briefgrundschuld ist zusätzlich die Übergabe des Grundschuldbriefs erforderlich.

Fall 87

Emil Ehrlich ist Eigentümer eines Gartengrundgrundstücks, auf dem er ein Wochenendhaus bauen will. Dazu fehlen ihm aber 50.000 Euro. Bruno Biber ist sich noch nicht ganz sicher, ob er ein entsprechendes Darlehen gewährt. Emil Ehrlich überlegt, dass er schon einmal eine Grundschuld über 50.000 Euro auf seinem Gartengrundstück zugunsten von Bruno Biber eintragen lassen könnte, um dessen Entscheidung positiv zu beeinflussen.

Kann Emil Ehrlich eine Grundschuld zugunsten von Bruno Biber bestellen?

Wir erinnern uns an Leitsatz 52. Die Grundschuld setzt nicht voraus, dass einen Forderung besteht. Im Fall 87 kann Emil Ehrlich daher eine Grundschuld zugunsten von Bruno Biber eintragen lassen, auch wenn es noch keine Forderung gibt.

Die Übertragung der Grundschuld erfolgt wie die Übertragung der Hypothek gemäß §§ 1154, 1155 ff. BGB. Im Einzelnen gilt:

▶ Die Briefgrundschuld wird durch schriftliche Abtretung und Übergabe des Grundschuldbriefs abgetreten. Wenn der Erwerber neben dem Grundschuldbrief auch noch öffentlich beglaubigte Abtretungserklärungen vorweisen kann, dann gilt, wie bei der Hypothek, der öffentliche Glaube des Grundbuchs zu seinen Gunsten (§§ 1155, 891 BGB), jedoch nur hinsichtlich der Grundschuld und nicht auch in Bezug auf die Forderung.

▶ Die Buchgrundschuld wird durch Einigung und Eintragung im Grundbuch abgetreten (§§ 1192 I, 1154 III).

Beachte: *§ 1153 BGB, wonach die Forderung nur mit der Hypothek und die Hypothek nur mit der Forderung abgetreten werden kann, gilt nicht! – Forderung und Grundschuld können also auch an verschiedene Personen abgetreten werden.*

Die Grundschuld dient in der Regel der Sicherung einer Forderung. Wie wir eben gelernt haben, ist die Grundschuld aber gemäß § 1192 BGB nicht akzessorisch. Trotzdem wird in der Praxis immer von der „Sicherungsgrundschuld" gesprochen, weil ja in der Regel eine Grundschuld vorliegt, die zur Sicherung einer Forderung bestellt wurde.

Fall 87 entspricht also nicht der Realität sondern nur der Verdeutlichung des Unterschiedes von Hypothek und Grundschuld.

Prüfschema 6: Erwerb einer Grundschuld	
1.	Liegt eine **Einigung** nach §§ 873 I, 1113 BGB vor?
2.	Ist die Grundschuld nach § 1115, 1192 BGB im Grundbuch **eingetragen**?
3.	Handelt es sich um eine Briefgrundschuld oder eine **Buchgrundschuld** nach § 1116 I, 1117, 1192 BGB? → Wenn eine Briefgrundschuld vorliegt: Ist der **Brief** nach §§ 1116 I, 1117, 1192 BGB **übergeben** worden?

4.	Ist der Grundstückseigentümer **Verfügungsberechtigter**? ➜ Wenn die Verfügungsberechtigung fehlt: Ist der Erwerber der Grundschuld gutgläubig nach § 892 BGB? **Guter Glaube** = Der Inhalt des Grundbuchs gilt als richtig, wenn nicht ein Widerspruch gegen die Richtigkeit eingetragen ist oder die Unrichtigkeit dem Erwerber der Hypothek positiv bekannt ist.
5.	**Keine** Einreden – gegen das Bestehen der Grundschuld nach §§ 1160, 1163, 1192 BGB? – aus dem Sicherungsvertrag? – der fehlenden Fälligkeit nach § 1193 BGB? – des Eigentümers nach §§ 1157, 1192 BGB?

Wenn 1. – 5. (+) ➜ **wirksamer Erwerb** einer Grundschuld

Sicherungsgrundschuld

Im Folgenden schauen wir uns die Sicherungsgrundschuld einmal näher an.

■ Fall 88

Die Bücherwurm-Bank ist bereit, Emil Ehrlich ein Darlehen über 50.000 Euro zum Bau eines Wochenendhauses auf seinem Gartengrundstück zu gewähren. Dieses Darlehen soll durch eine Grundschuld über 50.000 Euro auf dem Gartengrundstück gesichert werden. Die Bücherwurm-Bank möchte aber weiter eine Vereinbarung, in der genau geregelt ist, dass die Grundschuld das Darlehen über 50.000 Euro sichert und unter welchen Voraussetzungen sie die Grundschuld verwerten darf.

Warum möchte die Bücherwurm-Bank eine solche Vereinbarung?

Wir erinnern uns an die Grundsätze des Sachenrechts in Lektion 2. Danach gilt im Sachenrecht das Abstraktionsprinzip. Das bedeutet, dass die Grundschuld als dingliche Sicherung abstrakt ist. Das Abstraktionsprinzip führt dazu, dass es einen Rechtsgrund für diese abstrakte dingliche Sicherung geben muss. Dieser Rechtsgrund ist die schuldrechtliche Sicherungsvereinbarung, die auch Zweckerklärung genannt wird.

Im Fall 88 will die Bücherwurm-Bank also eine Zweckerklärung als Rechtsgrundlage für die abstrakte dingliche Sicherung in Form der Grundschuld.

Leitsatz 53

Inhalt der Zweckerklärung

Eine Zweckerklärung beinhaltet
- die Verpflichtung des Schuldners, eine **Grundschuld** für eine genau bezeichnete Darlehensforderung zu bestellen,
- die Festlegung der **Art der Sicherung** und
- die **Voraussetzungen** des Eintritts des Sicherungsfalls.

Wir stellen fest, dass durch die Zweckerklärung eine sehr enge Verknüpfung der Forderung mit der Grundschuld herbeigeführt wird.

Fall 89
Wie Fall 88. Die Grundschuld wird bestellt und im Grundbuch als jederzeit fällig eingetragen. In der Zweckerklärung vereinbaren Emil Ehrlich und die Bücherwurm-Bank aber, wie allgemein üblich, dass die Bücherwurm-Bank die Rechte aus der Grundschuld nur geltend machen darf, wenn Emil Ehrlich seinen Verpflichtungen zur Tilgung und Zinszahlung nicht nachkommt. Emil Ehrlich bezahlt pünktlich und vollständig. Trotzdem greift die Bücherwurm-Bank auf die Grundschuld zu.

Kann Emil Ehrlich etwas tun?

Wegen des Abstraktionsprinzips können die Rechte aus der Grundschuld und die Rechte aus der Zweckerklärung differieren. Maßgeblich ist aber immer die Zweckerklärung, die eine Treuhandabrede darstellt. Aus der Treuhandabrede ergibt sich das rechtliche Dürfen, während sich aus der Grundschuld das rechtliche Können ergibt. Dieses rechtliche Können ist somit durch die Treuhandabrede eingeschränkt.

Als Zwischenergebnis halten wir fest, dass im Fall 89 die Bücherwurm-Bank aufgrund der Regeln in der Zweckerklärung nicht berechtigt ist, die Rechte aus der Grundschuld geltend zu machen.

Diese Einrede, dass nämlich die Bücherwurm-Bank aus der Zweckerklärung – dem Sicherungsvertrag – nicht berechtigt ist, die Grundschuld zu verwerten, kann Emil Ehrlich im Fall 89 der Bücherwurm-Bank entgegenhalten, weil der Bücherwurm-Bank diese Einrede bekannt war.

Fall 90

Wie Fall 89. Das Darlehen gewährt Bruno Biber. Zu dessen Gunsten wird auch eine Grundschuld bestellt und eingetragen. Bruno Biber tritt diese Grundschuld dann aber an die Bücherwurm-Bank ab und übergibt dieser auch die Zweckerklärung zwischen ihm und Emil Ehrlich. Obwohl Emil Ehrlich pünktlich und vollständig bezahlt, greift die Bücherwurm-Bank auf die Grundschuld zu.

Im Fall 90 hilft § 1157 BGB Emil Ehrlich. Wie wir bei Lektüre der Übersicht 18 feststellen, findet § 1157 BGB auch bei der Grundschuld Anwendung. Die Bücherwurm-Bank muss sich die Einrede, die Emil Ehrlich aus dem Sicherungsvertrag gegen Bruno Biber hat, entgegenhalten lassen, weil sie diese Einrede kannte; ihr lag die Zweckerklärung zwischen Bruno Biber und Emil Ehrlich vor.

Fall 91

Emil Ehrlich nimmt bei der Bücherwurmbank ein Darlehen über 50.000 Euro auf. Zur Sicherung bestellt er eine Grundschuld an seinem Gartengrundstück. Emil Ehrlich und die Bücherwurm-Bank vereinbaren dass Zahlungen von Emil Ehrlich auf die Forderung erfolgen. Emil Ehrlich bezahlt regelmäßig die geschuldeten Raten auf das Darlehen. Bevor das Darlehen vollständig getilgt ist, tritt die Bücherwurm-Bank die Forderung und die Grundschuld an die Bonafides-Bank ab. Diese geht davon aus, dass die Forderung und die Grundschuld noch in voller Höhe bestehen. Die Bonafides-Bank ist nicht in den Sicherungsvertrag der Bücherwurm-Bank mit Emil Ehrlich eingetreten. Weil Emil Ehrlich von der Abtretung nichts erfährt, bezahlt er auch die restlichen Darlehensraten an die Bücherwurm-Bank. Die Bonafides-Bank verlangt nun von Emil Ehrlich die Zahlung von 50.000 Euro oder die Duldung der Zwangsvollstreckung in sein Gartengrundstück.

Zu Recht?

Die Bonafides-Bank hat keine Ansprüche gegen Emil Ehrlich aus dem Darlehen. Soweit Emil Ehrlich vor der Abtretung an die Bücherwurm-

Bank bezahlt hat, ist die Forderung durch die Zahlung erloschen. Hinsichtlich der Zahlungen, die Emil Ehrlich nach der Abtretung noch an die Bücherwurm-Bank geleistet hat, gilt § 407 I BGB. Da Emil Ehrlich von der Abtretung nichts wusste, muss die Bonafides-Bank die Zahlungen von Emil Ehrlich an die Bücherwurm-Bank gegen sich gelten lassen.

So weit war es ja noch ganz leicht. Wie sieht es im Fall 91 jetzt aber aus, wenn die Bonafides-Bank Ansprüche aus der Sicherungsgrundschuld geltend macht?

Wir erinnern uns an § 1157 BGB. Danach kann Emil Ehrlich der Bonafides-Bank nur Einreden entgegenhalten, die vor der Abtretung entstanden sind. Nach § 1157 BGB kann sich Emil Ehrlich also nicht darauf berufen, dass er nach der ihm nicht bekannten Abtretung das Darlehen vollständig an die Bücherwurm-Bank zurückbezahlt hat.

Hier hilft Emil Ehrlich jetzt aber § 1192 Ia BGB weiter. Nach dieser Vorschrift können bei der Sicherungsgrundschuld Einreden und Einwendungen unabhängig vom Zeitpunkt des Entstehens dem neuen Gläubiger entgegengehalten werden.

Im Fall 91 kann Emil Ehrlich also der Bonafides-Bank auch hinsichtlich der Grundschuld entgegenhalten, dass er das Darlehen vollständig (an die Bücherwurm-Bank) zurückgezahlt hat.

Die Bonafides-Bank hat also im Fall 91 keine Ansprüche gegen Emil Ehrlich, weder aus der Forderung noch aus der Sicherungsgrundschuld.

Befassen wir uns nun weiter mit dem Schicksal der Grundschuld, wenn der Schuldner das Darlehen getilgt hat, also keine Forderung mehr besteht.

Wir müssen vier verschiedene Fälle unterscheiden:

▶ Der Schuldner ist Eigentümer des belasteten Grundstücks und leistet selbst auf die Grundschuld.

▶ Der Schuldner ist Eigentümer des belasteten Grundstücks und leistet selbst auf die Forderung.

- Der Schuldner ist nicht Eigentümer des belasteten Grundstücks und der Grundstückseigentümer leistet auf die Grundschuld.

- Der Schuldner ist nicht Eigentümer des belasteten Grundstücks und leistet selbst auf die Forderung.

Im ersten Fall, wenn der Schuldner Eigentümer des belasteten Grundstücks ist und selbst auf die Grundschuld leistet, dann gelten §§ 364 II, 1163 I S. 2 BGB analog. Es entsteht eine Eigentümergrundschuld gemäß § 1196 BGB.

Im zweiten Fall, wenn der Schuldner Eigentümer des belasteten Grundstücks ist und selbst auf die Forderung leistet, führt die Leistung des Schuldners zum Erlöschen der Forderung durch Erfüllung gemäß § 362 BGB. Anders als bei der akzessorischen Hypothek wirkt sich das aber nicht auf die Grundschuld aus. Die Grundschuld bleibt bestehen.

Regelmäßig werden die Parteien aber in der Zweckerklärung vereinbart haben, dass der Schuldner in diesem Fall die Rückgewähr der Grundschuld verlangen kann. Ist dies vereinbart, hat der Schuldner drei Möglichkeiten:

- Der Schuldner verlangt den Verzicht des Gläubigers auf die Grundschuld gemäß § 1168 BGB.

- Der Schuldner verlangt vom Gläubiger die Aufhebung der Grundschuld gemäß §§ 1183, 876 BGB.

- Der Schuldner verlangt vom Gläubiger die Übertragung der Grundschuld auf sich (oder einen von ihm benannten Dritten) gemäß § 1154 BGB.

Im dritten Fall, wenn der Schuldner nicht Eigentümer des belasteten Grundstücks ist und der Grundstückseigentümer auf die Grundschuld leistet, entsteht wie im ersten Fall analog § 1163 I, S. 2 BGB eine Eigentümergrundschuld gemäß § 1196 BGB. Mangels Akzessorietät bleibt die Forderung des Schuldners bestehen und geht auch nicht auf den Eigentümer des belasteten Grundstücks über. Im Innenverhältnis kann es dann unter Umständen einen Abtretungsanspruch des Eigentümers geben.

Im vierten Fall, wenn der Schuldner nicht Eigentümer des belasteten Grundstücks ist und selbst auf die Forderung leistet, erlischt die Forderung durch Erfüllung gemäß §§ 362 I, 267 I BGB. Der Gläubiger ist in der Regel aufgrund der Zweckerklärung verpflichtet, die Grundschuld zurück zu übertragen. Dabei hat der Schuldner wie im zweiten Fall die drei bereits erläuterten Möglichkeiten.

Eigentümergrundschuld

Inzwischen ist uns schon an vielen Stellen die Eigentümergrundschuld begegnet, mit der wir uns jetzt näher befassen wollen. Der Eigentümergrundschuld liegt keine Forderung zugrunde, so dass es natürlich auch keine Zweckerklärung gibt.

Die Eigentümergrundschuld kann auf ganz verschiedenen Wegen entstehen:

Übersicht 19: Entstehensgründe der Eigentümergrundschuld

Norm	Grund
§ 1113 II BGB	Eine Hypothek wird für eine künftige oder bedingte Forderung bestellt.
§§ 1142, 1143 BGB	Der Eigentümer des mit einem Grundpfandrecht belasteten Grundstücks, der nicht der Schuldner der Forderung ist, bezahlt auf das Grundpfandrecht.
§ 1163 I S. 1 BGB	Eine Hypothek wurde bestellt, das Darlehen aber noch nicht ausbezahlt.
§ 1163 II BGB	Eine Briefhypothek wurde bestellt, der Brief aber nicht übergeben.
§ 1163 I S. 2 BGB	Eine Hypothek wurde bestellt und die Forderung erlischt.
§ 1168 I BGB	Der Gläubiger verzichtet auf die Hypothek.

§§ 889, 1177 BGB	Die Hypothek und das Eigentum vereinigen sich in einer Person.
§ 1196 BGB	Der Eigentümer bestellt für sich selbst eine Grundschuld.

Wir unterscheiden die Eigentümergrundschuld nach ihrer Entstehungsart. Die Eigentümergrundschuld gemäß § 1196 BGB ist durch rechtsgeschäftliche Bestellung entstanden, die übrigen in Übersicht 19 genannten Entstehungsgründe sind solche kraft Gesetzes.

Die kraft Gesetzes entstandene Eigentümergrundschuld wird noch einmal danach unterschieden, ob es sich um eine vorläufige oder eine endgültige Eigentümergrundschuld handelt.

Fall 92
Emil Ehrlich hat auf seinem Gartengrundstück eine erstrangige Hypothek zugunsten von Bruno Biber bestellt, der ihm ein Darlehen in Höhe von 50.000 Euro zum Bau seines Wochenendhauses gewährt hat und eine zweitrangige Hypothek zugunsten der Bücherwurm-Bank. Das von Bruno Biber gewährte Darlehen hat Emil Ehrlich zwischenzeitlich vollständig getilgt; das Darlehen bei der Bücherwurm-Bank ist noch mit 20.000 Euro valutiert. Als Emil Ehrlich erfährt, dass sich die zugunsten von Bruno Biber bestellte Hypothek in eine Eigentümergrundschuld umgewandelt hat, hat er die Idee, dass er doch selbst die Zwangsvollstreckung aus seiner Eigentümergrundschuld betreiben könnte, um damit die Hypothek zugunsten der Bücherwurm-Bank gemäß § 91 I Zwangsversteigerungsgesetz (ZVG) zum Erlöschen zu bringen.

Geht das?

Wir schauen als Erstes ins Gesetz und stellen fest, dass das BGB sogar diesen Fall bedacht und geregelt hat. Gemäß § 1197 I BGB kann der Eigentümer, der selbst Gläubiger ist, die Zwangsvollstreckung nicht selbst betreiben.

Im Fall 89 kann Emil Ehrlich damit die Hypothek zugunsten der Bücherwurm-Bank auf diesem Weg nicht zum Erlöschen bringen.

Fall 93

Wie Fall 92. Hat die Bücherwurm-Bank eine Möglichkeit im Rang aufzurücken, nachdem die Hypothek zugunsten von Bruno Biber zur Eigentümergrundschuld wurde?

Wir erinnern uns an Lektion 11, in der wir gelernt haben, was der „Rang" von Rechten ist und lesen notfalls noch einmal nach.

Wir lesen § 1179 a BGB, der gemäß § 1192 BGB (vgl. Übersicht 18) auch für die Grundschuld gilt.

Danach kann der Gläubiger vom Eigentümer verlangen, dass dieser eine vorrangige oder gleichrangige Hypothek löschen lässt, wenn sie dem Eigentümer zusteht. Voraussetzung für den Löschungsanspruch ist also, dass eine Eigentümerhypothek oder Eigentümergrundschuld entstanden ist.

Im Fall 93 hat die Bücherwurm-Bank damit einen Löschungsanspruch gegen Emil Ehrlich und rückt nach der Löschung im Rang auf.

Der Löschungsanspruch, der gesetzlich besteht und deshalb nicht im Grundbuch eingetragen wird, hat gemäß § 1179a I S. 3 BGB die Wirkung einer Vormerkung auf Löschung einer Eigentümerhypothek oder Eigentümergrundschuld.

Beachte: *Gemäß § 1179a V S. 1 BGB kann dieser gesetzliche Löschungsanspruch ausgeschlossen werden. Dieser Ausschluss ist gemäß § 1179a V S. 2 BGB im Grundbuch einzutragen.*

Rentenschuld

Zum Abschluss der Grundpfandrechte sei noch kurz die Rentenschuld erwähnt, die in den §§ 1199–1203 BGB geregelt ist.

Die Rentenschuld ist eine Grundschuld, durch die das Grundstück mit einer in regelmäßigen Abständen zu zahlenden Geldsumme (Rente) belastet ist.

Der Gläubiger hat nur Anspruch auf diese Rente, nicht auf eine Gesamtsumme, während der Schuldner gemäß § 1201 I BGB ein Ablöserecht hat. Die Ablösesumme muss nach § 1199 II BGB schon bei der Bestellung bestimmt und im Grundbuch angegeben werden.

Da die Rentenschuld in der Praxis kaum vorkommt, soll sie auch nicht weiter vertieft werden.

Hypothek und Grundschuld

Nachdem wir jetzt die Hypothek und die Grundschuld eingehend kennengelernt haben, wollen wir sie einmal in den ganz wesentlichen Punkten gegenüber stellen und dann können wir auch die oben gestellte Frage, warum die Grundschuld die Hypothek im Wirtschaftsleben weitgehend verdrängt hat, beantworten.

Übersicht 20: Hypothek und Grundschuld

Hypothek	Grundschuld
Setzt das Bestehen einer Forderung voraus = **akzessorisch**	Es muss keine Forderung bestehen = **nicht** akzessorisch
Entsteht durch Einigung und Eintragung und ggf. die Übergabe des **Hypothekenbriefs**	Entsteht durch Einigung und Eintragung und ggf. die Übergabe des **Grundschuldbriefs**
gutgläubiger Erwerb möglich	gutgläubiger Erwerb möglich
Übertragung durch Abtretung der gesicherten Forderung und ggf. Übergabe des Hypothekenbriefs	Übertragung durch schriftliche Abtretung der Forderung und Übergabe des Grundschuldbriefs **oder** Einigung und Eintragung im Grundbuch
Hypothek **folgt** der Forderung	Grundschuld und gesicherte Forderung können an **verschiedene** Personen abgetreten werden

Einreden gegen die Forderung können auch gegen die Hypothek geltend gemacht werden	Einreden gegen die Forderung wirken sich **nicht** auf die Grundschuld aus; es können aber Einreden aus der Zweckerklärung (= Sicherungsvertrag) geltend gemacht werden.

Und nun erkennen wir, dass die Vorteile der Grundschuld gegenüber der Hypothek im Wesentlichen auf der fehlenden Akzessorietät beruhen. Somit wissen wir, warum die Grundschuld der Hypothek „den Rang abgelaufen hat":

▶ Die Grundschuld kann eine bestimmbare Forderung sichern, während die Hypothek nur eine bestimmte Forderung sichern kann. Dies ist vor allem bei der Sicherung von Forderungen aus laufenden Geschäftsbeziehungen, z.B. bei einem Kontokorrentkredit, bei dem sich die Höhe der zu sichernden Forderung häufig ändert, von großer Bedeutung. Hier kann die Sicherung ausschließlich über eine Grundschuld erfolgen.

▶ Soll die gesicherte Forderung geändert werden, dann reicht bei der Grundschuld eine entsprechende Einigung in der Zweckerklärung (= Sicherungsvertrag), während bei der Hypothek gemäß § 1180 I BGB die Eintragung im Grundbuch erforderlich ist.

▶ Der Grundstückseigentümer kann gemäß § 1196 BGB eine Eigentümergrundschuld bestellen, vor allem, um die erste oder eine andere „gute" Rangstelle freizuhalten. Bei der Hypothek muss gemäß § 881 BGB ein Rangvorbehalt vereinbart werden.

***

Gratulation, Sie haben es geschafft! Sie haben sich einen umfassenden Überblick über das Sachenrecht erarbeitet. Ihnen sind nun alle wesentlichen Punkte bekannt. Jetzt verfügen Sie über jene Grundlagen, mit denen Sie sich den schweren Fragen des Sachenrechts leicht zuwenden können.

Und zudem: Später geht es sicher einmal um die Wiederholung und Vertiefung. Für Grundlegendes können Sie dann hier auf die Leitsätze, Übersichten und Prüfschemata zurückgreifen.

A

absolute Rechte	8
Abstraktionsprinzip	12
Akzessorietät	103
Auflassung	64

B

Beseitigungsanspruch	60
Besitz	23
– unmittelbarer	24
Besitzdiener	33
Besitzkonstitut	35
Besitzmittler	33
Bestandteile	19
– Scheinbestandteile	21
– unwesentliche	19
– wesentliche	19
Bösgläubigkeit	52
Briefgrundschuld → Grundschuld	
Briefhypothek	107
Buchgrundschuld → Grundschuld	
Buchhypothek	108

D

Dienstbarkeit	
– beschränkte persönliche → beschränkte persönliche Dienstbarkeit	
Dienstbarkeiten	88
dingliches Rechtsgeschäft → Verfügungsgeschäft	

E

Eigentum	29
– Alleineigentum	30
– Bruchteilseigentum	30
– Miteigentum	30
Eigentümer-Besitzer-Verhältnis	50
Eigentümergrundschuld	132
– endgültige	133
– vorläufige	133
Eigentumserwerb	64
– gutgläubiger	37
– vom Nichtberechtigten	37
Eigentumsvorbehalt	42
Einigung	31, 64
– Widerruf der	68
Eintragung ins Grundbuch	65
Erwerb vom Nichtberechtigten	76

F

Früchte	21

G

Grundbuch	
– Abteilung	84
– Aufbau	82
– Bestandsverzeichnis	84
– Grundbuchblatt	82
– unrichtiges	80
Grundbuchakte	82
Grundbuchamt	83
Grundbuchberichtigung	80
Grunddienstbarkeit	92
– Arten	93
Grundschuld	123
– anwendbare Vorschriften	125
– Briefgrundschuld	125
– Buchgrundschuld	125
– Übertragung	126

H

Herausgabeanspruch	46
– Abtretung des	45
Hypothek	103
– Abtretung	111

- Briefhypothek 104
- Buchhypothek 104
- Einwendungen gegen die Forderung 115
- Erlöschen 122
- Fälligkeit 119
- forderungslose 112
- gutgläubiger Erwerb 113
- Sicherungshypothek 104
- Verkehrshypothek 104
- Wesen 103
Hypothekenbrief 106
- Inhalt 106
Hypothekenhaftung 117
- Umfang 117

K
Kettenauflassung 69

N
Nießbrauch 90
- Inhalt 90
- Nutzungen 92
- Übertragung 91
„numerus clausus" der dinglichen Rechte 11
Nutzungen 21

O
öffentlicher Glaube des Grundbuchs 74
- gesetzliche Vermutung 75

P
persönliche Rechte 9
Publizität 7, 102

R
Rang 86
Realakt 32

Reallast 100
relative Rechte 9
Rentenschuld 135
- Ablöserecht 135

S
Sache
- körperliche 16
- körperlose 16
Sachen 16
- bewegliche 17
- unbewegliche 17
- unverbrauchbare 17
- unvertretbare 17
- verbrauchbare 17
- vertretbare 17
schuldrechtliche Sicherungsvereinbarung
→ Zweckerklärung
Selbsthilfe 27
Sicherungsgrundschuld 126
Sicherungshypothek 121
Sicherungsübereignung 44
Sicherungsvereinbarung
→ Zweckerklärung
Sicherungsvertrag 44
Spezialität 6, 102
Störer 61
- Handlungsstörer 61
- Zustandsstörer 61
subjektive Rechte 9

T
Tiere 17
Typenzwang 10

U
Übergabe 32
Unterlassungsanspruch 60

V

verbotenen Eigenmacht	27
Verfügungsgeschäft	13
Verpflichtungsgeschäft	13
Verwendungen	56
– notwendige	56
– nützliche	56
Verwendungsersatz	58
Vindikationslage	51
Vorkaufsrecht	98
– dingliches	100
– Einigung und Eintragung	98
– gesetzliches	100
Vormerkung	72
– Auflassungsvormerkung	73
– Wirkung	99

W

Widerspruch	81
Wohnungsrecht	97

Z

Zweckerklärung	128
– Inhalt	128

leicht gemacht ®

▶ Das BGB-Quartett

Allgemeiner Teil des BGB – *leicht gemacht* ®
Verständlich – einprägsam – klausurrelevant
von Richter am AG Dr. Peter-Helge Hauptmann

Schuldrecht AT – *leicht gemacht* ®
Allgemeiner Teil des Schuldrechts: Eine Einführung für Studierende an Universitäten und Hochschulen
von Professor Dr. Erik Hahn

Schuldrecht BT – *leicht gemacht* ®
Besonderer Teil des Schuldrechts: Eine Einführung für Studierende an Universitäten und Hochschulen
von Richter Sascha Gruschwitz

Sachenrecht – *leicht gemacht* ®
Eine prüfungsrelevante Einführung
verständlich – lebendig – einprägsam
von Rechtsanwältin Cornelia S. Leicht

Das BGB-QUARTETT

Die Darstellung der klausurrelevanten Inhalte des BGB über vier *leicht gemacht*® Bände:

- Intensiv, relevant, lebendig
- Einprägsame Kurzfälle
- Konkrete Prüfschemata
- Klare Übersichten
- Verständliche Leitsätze

Die Lehrbücher für Einsteiger und zur Examenswiederholung!

leicht gemacht ®

▶ Das Verwaltungs-Duo

Verwaltungsrecht – *leicht gemacht* ®

Allgemeines und Besonderes Verwaltungsrecht für Studierende an Universitäten, Hochschulen und Berufsakademien
von Rechtsanwalt Claus Murken

Ein erfahrener Rechtsanwalt vermittelt das Verwaltungsrecht in verständlicher, kurzweiliger und vor allem einprägsamer Weise.

- Verwaltungsorganisation / Verwaltungsakt
- Verwaltungsverfahren / Amtshaftung

Aus dem Besonderen Verwaltungsrecht:

- Baurecht / Gewerberecht
- Polizei- und Ordnungsrecht

Das Plus: 11 Prüfschemata.

VwGO – *leicht gemacht* ®

Das Verwaltungsprozessrecht: anschaulich – lebendig – einprägsam
von den Rechtsanwälten Claus Murken und Michael Jeske

In verständlicher, kurzweiliger und vor allem einprägsamer Weise vermittelt der vorliegende Band das Verwaltungsprozessrecht mit seinen zahlreichen Facetten:

- Zulässigkeit und Verfahren
- Klagearten und Normenkontrolle
- Vorläufiger Rechtsschutz

Die bewährte fallorientierte Aufbereitung ermöglicht Studierenden an Universitäten, Hochschulen und Berufsakademien, aber auch Anfängern verschiedener Berufe, einen raschen Einstieg.

Mit Übersichten, Leitsätzen und Prüfschemata.

leicht gemacht ®

▶ Strafrecht-Spezial

Strafrecht – *leicht gemacht* ®

Der Strafrechtsschein: Allgemeiner und Besonderer Teil des StGB mit praktischen Fällen und Hinweisen für Klausur und Hausarbeit

von Professor Hans-Dieter Schwind, Notar Dr. Heinz Nawratil und Dipl.-Psychologe Georg Nawratil

Folgen Sie Generationen von Studierenden auf dem erfolgreichen Weg in die Welt des Strafrechts. Aus dem Inhalt:

- Tatbestand, Rechtswidrigkeit, Schuld
- Versuch, Anstiftung, Beihilfe
- Körperverletzung, Totschlag, Mord
- Diebstahl, Unterschlagung, Betrug

Ihr Plus: Übersichten, Leitsätze, Prüfschemata.

Steuerstrafrecht – *leicht gemacht* ® (Blaue Serie)

Das Recht der Steuerstraftaten: Verstoß – Verfolgung – Verteidigung
von Rechtsanwältin, Fachanwältin für Steuerrecht Annette Warsönke

Ein Lehrbuch für steuerberatende Berufe, Finanzbehörden und Verteidiger. Unentbehrlich für Einarbeitung und Eilentscheidungen. Aus dem Inhalt:

- Steuerverkürzung und Steuerhinterziehung
- Bußgeldverfahren und Strafverfahren
- Verfahrensgrundsätze und Strafzumessung
- Selbstanzeige und Strafbefreiung
- Durchsuchung und Sofortmaßnahmen

Ihr Plus: Übersichten, Leitsätze, Sofortlisten.

leicht gemacht ®

▶ Das Arbeitsrecht-Duo

Arbeitsrecht – *leicht gemacht* ®

Eine Darstellung mit praktischen Fällen:
Verständlich – kurz – praxisorientiert

von Richter am AG Peter-Helge Hauptmann

Hier vermittelt ein erfahrener Richter unser Arbeitsrecht lebendig und verständlich mit praxisnahen Beispielen. Aus dem Inhalt:

- Einstellung, Arbeitsvertrag, Pflichten
- ordentliche und außerordentliche Kündigung
- Betriebsrat, Gewerkschaften, Arbeitgeber

Ein Erfolgsbuch. Eingängig strukturiert durch Leitsätze und Übersichten werden Grundlagen, Basiswissen und mehr erläutert. Mit konkreten Prüfschemata für die Kündigungen.

BetrVG – *leicht gemacht* ®

Das Betriebsverfassungsgesetz: Verständlich – kurz – praxisorientiert

von Rechtsanwalt und Fachanwalt für Arbeitsrecht Arno Schrader

Hier wird das Betriebsverfassungsgesetz mittels vieler Beispiele, Übersichten und Leitsätze lebendig und verständlich dargestellt. Aus dem Inhalt:

- Wahl des Betriebsrats
- Rechte und Pflichten des Betriebsrats
- Einstellungen, Versetzungen, Kündigungen
- Betriebsvereinbarungen
- Arbeitsgericht und Einigungsstelle

Serviceteil: Ablaufschema Betriebsratswahl, Rechte des Betriebsrats in 7 Übersichten.

leicht gemacht ®

▶Verwaltungs-Spezial

Kommunalrecht – *leicht gemacht* ®

Das Recht der Städte, Gemeinden und Landkreise
von Rechtsanwalt und Fachanwalt für Verwaltungsrecht Josef H. Mayer

Ein erfahrener Rechtsanwalt, selbst viele Jahre Bürgermeister, vermittelt unser Kommunalrecht. Aus dem Inhalt:

- Selbstverwaltung, Satzung, Wahlrecht
- Bürgerbeteiligung, Kommunalverfassung
- Gemeinderat, Bürgermeister, Verbände
- Kommunalaufsicht, öffentliche Einrichtungen
- privatisierte Betriebe u.v.m.

Unverzichtbar für Studium, Verwaltung und Kommunalpolitik. Das Plus: Prüfschemata, Übersichten, Leitsätze.

Sozialrecht – *leicht gemacht* ®

Kranken-, Pflege- und Unfallversicherung, Rente,
Arbeitslosenversicherung, Grundsicherung, Sozialhilfe ...
von den Rechtsanwälten Claus Murken und Jörn Jacobsen

In diesem Buch vermitteln zwei Profis einen verständlichen Überblick:

- Kranken-, Pflege- und Unfallversicherung
- Rente, Arbeitslosengeld, Insolvenzgeld
- Grundsicherung, „Hartz IV", Sozialhilfe
- Verwaltung, Datenschutz, Sozialgerichte und vieles mehr

Ein Lehrbuch mit dem besonderen Augenmerk auf die praxisrelevanten Bereiche und die prüfungsnahen Fragen.

Das Plus: 20 Leitsätze und 15 Übersichten.

leicht gemacht ®

▶Jura-Spezial

ZPO – *leicht gemacht* ®

Die Zivilprozessordnung: Übersichtlich – kurz – einprägsam
von Richter am AG Robin Melchior

Bankrecht – *leicht gemacht* ®

Ein Lehrbuch nicht nur für angehende Bankkaufleute, Betriebswirte und Rechtsanwälte
von Rechtsanwalt und Fachanwalt für Bank und Kapitalmarktrecht Alexander Deicke

Arztrecht – *leicht gemacht* ®

Eine Darstellung für Studierende, Juristen, Ärzte und Patienten.
von Rechtsanwältin und Fachanwältin für Medizinrecht Margrit Weirich

RVG – *leicht gemacht* ®

Das Rechtsanwaltsvergütungsgesetz: Der leicht verständliche Überblick
von Rechtsanwältin Cornelia S. Leicht

IPR – *leicht gemacht* ®

Internationales Privatrecht: Die eingängige Darstellung vermittelt dem Leser zuverlässig die juristischen Grundlagen des Internationalen und Europäischen Privatrecht
von Richter Sascha Gruschwitz

leicht gemacht ®

▶ Staat und Steuer

Staatsrecht – *leicht gemacht* ®

Das Staats- und Verfassungsrecht nicht nur für Studierende an Universitäten, Hochschulen und Berufsakademien

von Richter am AG Robin Melchior

Ein erfahrener Richter vermittelt lebendig und übersichtlich das deutsche Staats- und Verfassungsrecht. Aus dem Inhalt:

- Verfassung, Werteordnung, Gesetzgebung
- Grund-, Bürger- und Menschenrechte
- Würde, Freiheit und Selbstbestimmung
- Meinungs- und Pressefreiheit
- Kontrolle staatlichen Handelns

Ihr Plus: 22 Übersichten und 3 Prüfschemata.

Steuerrecht – *leicht gemacht* ® (Blaue Serie)

Eine Einführung nicht nur für Studierende Universitäten, Hochschulen und Berufsakademien

von Professor Dr. Stephan Kudert

Ein erfahrener Universitätsprofessor vermittelt dieses verständlich und fallorientiert. Aus dem Inhalt:

- Einkommensteuer
- Körperschaftsteuer
- Gewerbesteuer
- Umsatzsteuer
- Internationale Bezüge

Eine unerlässliche Lernhilfe für die Steuerklausur sowie Beistand in Beruf und Alltag. Das Plus: 18 Übersichten und 23 Leitsätze.

leicht gemacht ®

▶Der Jura-Einstieg

Jura – *leicht gemacht* ®
Das Juristische Basiswissen
von Richter am AG Peter-Helge Hauptmann

Eine Einführung in die Welt des Rechts in bewährt fallorientierter Weise mit Leitsätzen und Übersichten:

- Gesetzgebung und Gesetze
- Rechtsprechung, Literatur und Lehre
- Zivil-, Straf- und Öffentliches Recht
- lateinisches Minilexikon, kleine Rechtsgeschichte
- Arbeitstechnik, Rechtssprache, Gesetzesanwendung

Das Starterbuch für Studierende. Der entscheidende Wissensvorsprung!

Klausuren schreiben– *leicht gemacht* ®
Aufbau und Form der juristischen Klausur
von Rechtsanwalt Jörn Bringewat

Der Leitfaden für das erfolgreiche Bestreiten juristischer Klausuren:

- Einsteigertipps und Klausurstrategie
- Fallbearbeitung und Gutachtentechnik
- Zivil-, Straf-, Verfassungs- und Verwaltungsrecht
- Prüfschemata, Übersichten und Fallbeispiele

Mit seiner hoher Anwendernähe der ideale und einsteigerfreundliche Begleiter für jedes Studium mit juristischem Anteil. Erscheint bereits in über 17 Auflagen.

Das Plus: Prüfschemata und Lösungshinweise!

leicht gemacht ®

▶ Die genialen Darstellungen von Dr. Heinz Nawratil

BGB – *leicht gemacht* ®

Die erfolgreiche BGB-Prüfung. Eine Einweisung nicht nur für Juristen, Betriebs- und Volkswirte

von Notar Dr. Heinz Nawratil

Eines der erfolgreichsten Bücher zur Einführung in das Bürgerliche Recht:

- Generationen von Jurastudenten haben den Einstieg in das Fach gefunden
- Generationen Wirtschaft-Studierender wurden zur erfolgreichen BGB-Prüfungen geführt

Frisch und witzig, mitreißend und anregend geschrieben. Erscheint bereits in über 30 Auflagen mit mehr als 1 Million verkauften Exemplaren!

HGB – *leicht gemacht* ®

Das Wichtigste aus Handels-, Gesellschafts- und Wertpapierrecht für Juristen, Volks- und Betriebswirte

von Notar Dr. Heinz Nawratil

Seit Jahrzehnten ist dieses Buch ein beliebter Einstieg für alle, die sich zum ersten Mal mit Handelsrecht beschäftigen müssen.

Sein Erfolg dürfte darin liegen, dass es bewusst keine wissenschaftliche Abhandlung, sondern eine praktische Prüfungshilfe bieten will: In sehr lebendiger Form und beschränkt auf das Wesentliche begleitet der Verfasser den Leser von Punkt Null bis zum Standard-Prüfungswissen.

Strukturiert mit 15 Übersichten und 18 Leitsätzen. Erscheint bereits in über 22 Auflagen!

leicht gemacht ®

▶Das Wirtschafts-Duo

Gesellschaftsrecht – *leicht gemacht* ®

Das Recht der Personen- und Kapitalgesellschaften nicht nur für Studierende an Universitäten, Hochschulen und Berufsakademien
von Richter am AG Robin Melchior

In bewährt fallorientierter Weise vermittelt das Buch die juristischen Grundlagen. Aus dem Inhalt:

- Personengesellschaften (GbR, OHG, KG, GmbH & Co. KG)
- Kapitalgesellschaften (GmbH, UG, AG, KGaA)
- juristische Personen (Genossenschaft, Verein, VVaG, Stiftung)
- europäische Rechtsformen (SE, EWIV, SCE)
- Zweigniederlassungen, Konzerne, Umwandlungen

Strukturiert mit Leitsätzen und Übersichten!

Wirtschaftsrecht – *leicht gemacht* ®

Das komplette Recht der Wirtschaft nicht nur für Studierende an Universitäten, Hochschulen und Berufsakademien
von Richter am AG Robin Melchior

In der bewährt fallorientierten Weise vermittelt ein erfahrener Richter die Organisation von Unternehmen und das Recht der Kaufleute:

- Gesellschaftsrecht, Jahresabschluss, Steuern
- Vertragsrecht, Marketing, Finanzen
- Beteiligungen, gewerblicher Rechtsschutz
- Arbeitsrecht, Verwaltungsrecht, Gewerberecht
- Kartellrecht, Europarecht u.v.m.

Das Plus: 32 Übersichten und 28 Leitsätze!

leicht gemacht ®

▶Das Starter-Set

Jura – *leicht gemacht* ®
Das Juristische Basiswissen

BGB – *leicht gemacht* ®
Die erfolgreiche BGB-Prüfung. Eine Einweisung nicht nur für Juristen, Betriebs- und Volkswirte

HGB – *leicht gemacht* ®
Das Wichtigste aus Handels-, Gesellschafts- und Wertpapierrecht für Juristen, Volks- und Betriebswirte

Verwaltungsrecht – *leicht gemacht* ®
Allgemeines und Besonderes Verwaltungsrecht für Studierende an Universitäten, Hochschulen und Berufsakademien

Staatsrecht – *leicht gemacht*
Das Staats- und Verfassungsrecht nicht nur für Studierende an Universitäten, Hochschulen und Berufsakademien

Strafrecht – *leicht gemacht* ®
Der Strafrechtsschein: Allgemeiner und Besonderer Teil des StGB mit praktischen Fällen und Hinweisen für Klausur und Hausarbeit

Klausuren schreiben– *leicht gemacht* ®
Aufbau und Form der juristischen Klausur

Blaue Serie

Kudert
Steuerrecht – leicht gemacht
Das deutsche Steuerrecht

Kudert
Int. Steuerrecht – leicht gemacht
Grenzüberschreitende Aktivitäten

Warsönke
Einkommensteuer – leicht gemacht
Das EStG-Kurzlehrbuch

Mücke
Umsatzsteuer/Mehrwertsteuer – leicht gemacht
Für Studierende und Praktiker

Schober
Gewerbesteuer – leicht gemacht
Systematisch – präzise – verständlich

Drobeck
Erbschaftsteuer – leicht gemacht
Erbschaft- und Schenkungsteuer

Warsönke
Abgabenordnung – leicht gemacht
Das ganze Steuerverfahren

Warsönke
Körperschaftsteuer – leicht gemacht
Die Besteuerung juristischer Personen

Schinkel
EÜR – leicht gemacht
Einnahme-Überschuss-Rechnung

Warsönke
Steuerstrafrecht – leicht gemacht
Verstoß, Verfolgung, Verteidigung

Schinkel
Klausuren im Steuerrecht – leicht gemacht
Techniken und Methoden

Schinkel
Die Besteuerung der GmbH – leicht gemacht
Das GmbH-Steuerlehrbuch

Drobeck
Die Besteuerung der Personengesellschaften – leicht gemacht
GbR, OHG, KG, Gesellschafter ...

Möller
Die Besteuerung von Kapitalanlagen – leicht gemacht
Zinsen, Aktien, Fondserträge ...

Schober
Die Steuer der Immobilien – leicht gemacht
Anschaffen, Vermieten, Veräußern ...

Mutscher/Benecke
Die Steuer bei Umwandlungen – leicht gemacht
Das Umwandlungsteuergesetz

Kudert/Sorg
Steuerbilanz – leicht gemacht
Die steuerlichen Grundsätze

Kudert/Sorg
Rechnungswesen – leicht gemacht
Buchführung und Bilanz

Kudert/Sorg
Übungsbuch Rechnungswesen – leicht gemacht
Lernziele, Übungen, Lösungen

Kudert/Sorg
Kostenrechnung – leicht gemacht
Kosten- und Leistungsrechnung

Kudert/Sorg
IFRS – leicht gemacht
Int. Financial Reporting Standards

In regelmäßigen Neuauflagen
www.leicht-gemacht.de